W0071592

Michael Diener

Gott ist immer schon da

Nachdenkliches für All-Tage und Fest-Tage

SCM

R.Brockhaus

SCM

Stiftung Christliche Medien

Der SCM-Verlag ist eine Gesellschaft der Stiftung Christliche Medien, einer gemeinnützigen Stiftung, die sich für die Förderung und Verbreitung christlicher Bücher, Zeitschriften, Filme und Musik einsetzt.

© 2014 SCM R.Brockhaus im SCM-Verlag GmbH & Co. KG
Bodenborn 43 · 58452 Witten · Internet: www.scmedien.de
E-Mail: info@scm-brockhaus.de

Die Bibelverse wurden, soweit nicht anders angegeben, folgender Ausgabe entnommen:

Lutherbibel, revidierter Text 1984, durchgesehene Ausgabe in neuer Rechtschreibung, © 1999 Deutsche Bibelgesellschaft, Stuttgart.

Weiter wurde verwendet:

Neues Leben. Die Bibel, © 2002 und 2006 SCM R.Brockhaus im SCM-Verlag GmbH & Co. KG, Witten. (NLB)

Umschlaggestaltung: Dietmar Reichert, Dormagen
Satz: Christoph Möller, Hattingen
Druck und Bindung: Finidr s.r.o.
Gedruckt in Tschechien
ISBN 978-3-417-26609-2
Bestell-Nr.: 226.609

Matthias, meinem Zwilling, gewidmet

INHALT

Teil 2: Gott FESTE feiern

Vorwort

»Ein Gemeindeglied hat Sie für unsere Kolumne ›Wort zum Alltag‹ empfohlen. Hätten Sie nicht Lust, für uns zu schreiben?« Ich hatte und habe Lust, und so schreibe ich seit 2002 für die im Gong-Verlag erscheinenden Fernsehzeitschriften immer wieder das »Wort zum Alltag«. Gerade weil sich die Textlänge inzwischen mehr als halbiert hat, betrachte ich es als eine besondere Herausforderung, in einem säkularen Medium mit dem Evangelium, der guten Botschaft von Gottes rettender Liebe, präsent zu sein. Ich möchte Menschen helfen, Gott im Alltäglichen ebenso zu entdecken wie in den christlichen Festen, die unseren Jahresablauf immer noch prägen.

So ist mit der Zeit eine ansehnliche Textsammlung entstanden, noch vergrößert durch Beiträge für Tageszeitungen oder christliche Magazine. Eine Auswahl meiner Texte finden Sie in diesem Büchlein. Sie eignen sich besonders für Kurzandachten, für Impulse in Gemeindebriefen oder als Inspirationshilfe bei der eigenen Suche nach Gott im Alltag und an den Festtagen unseres Lebens. Dabei bitte ich zu beachten, dass es mir um »christliche Appetitanreger« geht und nicht um »vollwertige geistliche Mahlzeiten«. Außerdem finden Sie auf einigen Seiten Aphorismen –, kurze Gedanken für zwischendurch.

Mein Dank gilt dem Verlag SCM R.Brockhaus und seiner Lektorin Silke Gabrisch für das Interesse an meinen Kolumnentexten und die wertvolle Begleitung bei der Fertigstellung dieses Werkes.

Mein Wunsch ist, dass Sie beim Lesen selbst erfahren: Gott ist immer schon da!

Michael Diener

Teil 1

Gott im ALL-TAG finden

Auf Augenhöhe?

»Augenhöhe« ist uns heute extrem wichtig. Niemand will »von oben herab« behandelt werden, sondern gleichberechtigt. Kann es sein, dass uns vom ewigen Betonen der AugenHÖHE schon ganz schwindelig geworden ist?

Ich habe da rein körperlich bereits Probleme, denn mit fast zwei Metern »Längenmaß« kann ich »Augenhöhe« oft nur sehr verkrampft herstellen ... Und – seien wir doch ehrlich – auch inhaltlich, strukturell, materiell und positionell gibt es erhebliche Unterschiede zwischen Menschen. Da ist das Beharren auf »Augenhöhe« oft nichts anderes als Wunschdenken, als Tatsachenverschleierung. Hinter dem Wunsch nach »Augenhöhe« steckt letztlich etwas anderes: der Wunsch, respektiert und angenommen zu werden, allen Unterschieden zum Trotz. Nicht »das Gefälle« spüren zu müssen, sondern das Gemeinsame.

Wer nachliest, wie Jesus in den Evangelien Menschen begegnet ist, spürt: »Augenhöhe« bedeutet, mein Gegenüber wirklich (!) sehen, ernst nehmen und nicht vorverurteilen. So sieht Gott mich und so darf und soll ich anderen begegnen: Augenhöhe ist keine Sache der Optik, sondern des Herzens!

Jetzt mal ehrlich ...

Jetzt mal ehrlich, was halten Sie davon, wenn Ihr Gegenüber eine Aussage mit dem markanten Hinweis »Jetzt mal ehrlich« einleitet? Meistens folgt doch eine Aufforderung, ein wenig hinter die Fassade zu schauen, weiter zu blicken als auf das, was so im Schaufenster ausliegt.

Sind wir gesellschaftlich und kulturell wirklich schon so weit, dass wir stillschweigend davon ausgehen, es auf den »ersten Blick« wie in einer Filmstadt nur mit Kulissen, mit »Attrappen eines Lebens« zu tun zu haben?

Eindeutig ist Ehrlichkeit zu einem wichtigen, aber auch unbequemen Thema geworden. Die Banken-, Wirtschafts- und Nationenkrisen, die wir durchleiden, haben viel mit Ehrlichkeit, besser gesagt: der Unehrlichkeit, der Lüge zu tun. Da verbergen Regierungen großer europäischer Nationen den wahren finanziellen Zustand ihres Landes, so wie kleine Kinder nicht zugeben wollen, zu viel vom Schokoladenkuchen genascht zu haben. Und ihr Gegenüber gibt sich mit dieser unaufrichtigen Antwort auch deshalb so schnell zufrieden, weil »man ja selbst mehr oder weniger Dreck am Stecken« hat. Teil des Problems ist, dass wir zwar gerne auf die (großen) Lügen der anderen verweisen, damit aber von unserer eigenen »Unehrlichkeit« (so nennen wir das dann gerne) ablenken. Was kann ich meinem Gegenüber noch glauben, und bin ich selbst »glaub-würdig«?

Verlieren wir als Gesellschaft den festen Boden unter den Füßen, weil wir kein Fundament mehr für ein ehrliches Miteinander finden? In der Bibel geht es eigentlich fast auf jeder Seite um Wahrheit in Wort und Person, um

Aufrichtigkeit, um Offenheit, um Zuverlässigkeit und Echtheit.

Ehrlichkeit hat viele Facetten – ist längst nicht nur »die Wahrheit sagen« (was sich dann ja oftmals nur als »meine Wahrheit« entpuppt), sondern hat auch viel mit unserer Persönlichkeit, unserer »Stimmigkeit« zu tun. Wenn es um Ehrlichkeit, um Wahrheit geht, macht es Sinn, bei Jesus in die Schule zu gehen, den tiefen Zusammenhang von Liebe und Wahrheit ganz neu zu entdecken. Ich selbst zuerst, wir alle, unsere Gemeinden sollen mit Gottes Hilfe Orte sein und werden, in denen, wie Max Frisch es einmal so treffend ausdrückte, ich dem anderen die Wahrheit hinhalte wie einen Mantel, in den er schlüpfen kann, und nicht wie einen Waschlappen, den ich ihm um die Ohren haue. Ist in unserer Gesellschaft (und »bei uns«) vielleicht auch deshalb so vieles unehrlich geworden, weil es zu viele Waschlappen und zu wenig Mäntel gibt?

Hinter jeder Maske ist doch ein Gesicht …

Sich suchen und finden

»Ich wünschte, ich wäre, was ich war, als ich mir wünschte zu sein, was ich jetzt bin!«, las ich vor Kurzem in schönstem Graffiti an einer Häuserwand. Dem Hausbesitzer hat das gewiss nicht gefallen, aber mich hat dieser Satz gepackt, denn über pfiffige Wortspiele denke ich gerne nach: »Ich wünschte, ich wäre, was ich war, als ich mir wünschte zu sein, was ich jetzt bin!«

Da hat jemand scheinbar seine Träume verwirklicht, den Gipfel erreicht und oben dann festgestellt, dass er selbst dabei auf der Strecke geblieben ist.

Jesus sagte das vor 2000 Jahren so ähnlich auch schon: »Was bringt es eigentlich, alle Ziele und Träume zu verwirklichen, wenn man sein innerstes Ich / seine Seele dabei verliert?« (siehe Matthäus 16,26).

Allzu oft zahlen wir für unsere beruflichen Erfolge, für Ansehen und Aussehen einen viel zu hohen Preis. Schließen Kompromisse, wo eigentlich Prinzipientreue und Charakter gefragt wären. Wenn wir Gegenstände verlieren, können wir sie oft ersetzen oder auf dem Fundbüro nachfragen. Aber wo und wie sucht man bitte nach sich selbst?

Auch wenn dieser Weg zu sich selbst bei jedem von uns ganz unterschiedlich aussehen kann, ab und zu ein Blick in den Spiegel, aber auch in die Bibel werden helfen, sich selbst nicht aus den Augen zu verlieren.

. . . .

Mit Gott bin ich mir selber nah …

. . . .

Gewichtsverlust

»Haben Sie abgenommen?« – so bin ich in den vergangenen Monaten immer wieder zögerlich-neugierig gefragt worden. Aus anderen platzte es weniger zurückhaltend einfach so heraus: »Mensch, sind Sie dünn geworden!«

Und ich gebe es zu: Jede einzelne Frage, jeden Ausruf des Erstaunens habe ich in vollen Zügen genossen und gleich noch hinzugefügt, wie viele Pfunde denn da in welchem Zeitraum gepurzelt waren. Schließlich war es ein harter Kampf, der nur mit viel Disziplin und sportlicher Ausdauer zu gewinnen gewesen war. Vorläufig jedenfalls …

Eine Lebensphilosophie sollte aus dem »Abnehmen« aber nicht werden. Ich werde den Eindruck nicht los, dass auch die Bereitschaft zur Liebe, zum verständnisvollen Miteinander, zum selbstlosen Einsatz füreinander in unserer Gesellschaft an Gewicht verloren hat. Sind wir auf Liebesdiät? Dabei können wir an gegenseitiger Liebe und Achtung gerade in diesen schwierigen Zeiten gar nicht genug haben. »Offene Arme« statt »Ellenbogen raus« und Rezepte zum Zunehmen an Liebe, Respekt und Achtung sind gefragt.

»Love Watchers« – Menschen, die sensibel Liebe säen – brauchen wir heute gewiss noch mehr als »Weight Watchers«. Wer sich vom christlichen Gott der Liebe Appetit machen lässt, wird selbst satt und kann noch an andere weitergeben. Klasse, wenn unsere Mitmenschen erstaunt feststellen würden: »Du hast ja zugenommen« – an Liebe

Jazz und Glaube

Ich liebe richtig guten Jazz. Aber was ist das eigentlich – »Jazz«? »If I've got to explain it, you ain't got it« – »Wenn ich das erklären muss, haben Sie ihn nicht verstanden«, meinte dazu einmal Louis Armstrong.

Mir geht es mit dem Glauben an Gott ähnlich. Es gibt gute Gründe zu glauben und es ist wichtig, über Glaubensfragen nachzudenken und darüber auch zu reden. Aber was glauben *eigentlich* bedeutet, lässt sich nicht einfach in logische Sätze oder Formeln packen. Glaube ist etwas für den Kopf, ja, aber mindestens ebenso fürs Herz. Glaube will außerdem in die Hände und Füße, will Menschen in Bewegung setzen und verändern. Leute, die glauben, haben sich irgendwann einmal, gleichgültig ob in einem lebenslangen Prozess oder spontan, auf Gott eingelassen, mit einem Gedanken, einem Gebet vielleicht. Sie sind sozusagen ins kalte Wasser gesprungen und haben bei allem Prusten und Strampeln gemerkt, es trägt!

Und, schwimmen Sie schon?

. . . .

Staunen ist der Logenplatz zum Leben.

. . . .

15

Über-brücken

Jetzt ist sie weg! Endgültig, unwiederholbar! Und da, wo sie mal war, blickt man nur noch schwindelnd in die Tiefe und Weite einer großen Kluft. Ich spreche vom Abriss der Zeppelinbrücke in meiner Heimatstadt Pirmasens – aber nehmen Sie ruhig irgendeine Brücke aus Ihrer Umgebung als Beispiel. Denn mir geht es darum, wie wichtig Brücken sind. Wie beschwerlich, ja, sogar unmöglich wäre so mancher Weg ohne Überbrückung.

Und das gilt übertragen auch für die Beziehungen zwischen uns Menschen: Trennung, Scheidung »wegen unüberbrückbarer Differenzen«, so heißt es immer wieder im geschäftlichen oder auch privaten Bereich. Und jedes Mal verbergen sich hinter dieser nüchternen Formulierung Schicksale, Lebenswege von Menschen, die nun plötzlich eine andere Richtung nehmen: Hier geht es nicht weiter – die Kluft ist zu tief, unüberbrückbar! Aus, Ende, Schluss. Alles vorbei!

Im Verhältnis Gott / Mensch sieht es da häufig gar nicht anders aus: Trennung wegen unüberbrückbarer Differenzen! Da missbraucht der Mensch die von seinem Schöpfer erhaltene Freiheit zum Vertrauensbruch gegen Gott und Mitgeschöpf, da verstehen Menschen angesichts des Leids und der Not nicht, wie und wo es eigentlich noch einen Gott geben sollte … Nach Gott und seinem Willen wird in guten Zeiten nicht gefragt, aber wenn dann Schicksalsschläge das eigene Leben treffen, hat Gott wieder einmal versagt, seine eigene Unzuverlässigkeit, sein Desinteresse an uns Menschen, gar seine Nichtexistenz bewiesen. Gott und Mensch – das Verhältnis erscheint häufig als unüber-brückbar zerrüttet.

Doch wir Christen glauben an einen Gott, der zu uns Menschen kommt. Ich muss trotz all dem Leid und allen offenen Fragen an der Liebe Gottes nicht (ver)zweifeln. Gott signalisiert unüberbietbar, dass er mit uns, nicht gegen uns ist. Er schenkt uns seinen Sohn, wird Mensch, teilt menschliches Leben, damit keiner je wieder ohne Gott leben muss.

Mitten hinein in all den Unglauben, in all die Zweifel und offenen Fragen baut Gott eine Brücke, schließt die Kluft zwischen sich und den Menschen, lädt ein zum Vertrauen in die Tragfähigkeit seiner Liebe. Die Verurteilung Jesu zeigt, dass – damals wie heute – nicht jeder diese Brücke nutzen will. Aber wenn Sie wollen, gilt: Es muss keine unüberbrückbaren Differenzen zwischen Ihnen und Gott geben. Wer es wagt, Gott zu vertrauen, der wird merken: Diese Brücke trägt und ist sogar für den Schwerlastverkehr geeignet. Was ich da an Nöten, an Ängsten, an Schuld oder Leere mit mir herumschleppe, das darf ich mit Gott teilen. Umgeben von seiner Gegenwart und Liebe komme ich Tag für Tag einen Schritt weiter auf meinem Weg mit Gott und den Menschen.

Wenn Sie also mal wieder über Brücken gehen, vergessen Sie Gottes Brücke zu uns Menschen nicht!

Rette mich, wer kann!

»Ich brauche von eurem Gott keine Hilfe!« Energisch ließ mich der Mann im Krankenbett das wissen. In unserer gut versorgten Wohlstandsgesellschaft wirkt das christliche Hilfsangebot manchmal so deplatziert wie ein Verkäufer von Winterbekleidung in der Sahara.

Aber Hand aufs Herz! Jeder von uns kennt schwierige Zeiten, in denen Hilfe sehr willkommen ist. Wer sich »am Leben die Finger verbrannt hat«, für den füllen sich die Worte der Bibel, die von Hilfe oder Rettung sprechen, ganz neu mit Sinn. Wie Gott für uns Menschen wirklich »hilf-reich« wird, möchte ich Ihnen gerne anhand einer kleinen Geschichte verdeutlichen:

> Ein bekannter Schauspieler wird bei einem Besuch um eine Kostprobe seines Könnens gebeten. Er bittet um Textvorschläge. Schließlich nennt eine ältere Dame den 23. Psalm: »Der Her ist mein Hirte«. Etwas verlegen willigt der Schauspieler unter der Bedingung ein, dass nach ihm auch die Dame den Psalm vortrage. So geschieht es. Der Schauspieler spricht den Hirtenpsalm mit wundervoller Stimme und klarster Betonung. Begeisterter Applaus ist ihm sicher. Als danach die alte Dame ihren Vortrag beendet hat, klatscht niemand und in die ernste Stille hinein bekennt der Schauspieler: »Gnädige Frau, ich darf wohl sagen, ich kenne den Psalm, Sie aber kennen den Hirten.«

Wenn wieder einmal so ein »Rette mich, wer kann«-Tag in Ihrem Leben ansteht, will Gott, der gute Hirte, Ihnen helfen. Ganz egal, ob Sie den 23. Psalm kennen oder nicht.

Liebe ist …

Wer kennt sie nicht, die kleinen »Liebe ist …«-Cartoons, die sich seit 1970 sowohl in Tageszeitungen als auch auf vielen Alltagsgegenständen finden. 1968 trifft die 27-jährige Neuseeländerin Kim Grove den Amerikaner Roberto Casali. Sie verlieben sich und Kim beginnt, ihrem Freund und späteren Ehemann täglich mehrere kleine Liebesbotschaften zuzustecken. Das Vertrauen in das Gute und die Kraft der Liebe wird für beide allgegenwärtig. Doch schon Anfang 1976 stirbt ihr Mann an einem Krebsleiden. Als Zeichen ihrer bleibenden Liebe bringt sie 1977 nach einer künstlichen Befruchtung mit den eingefrorenen Spermien ihres Mannes ihren dritten Sohn zur Welt. Sie selbst stirbt 1996 im Alter von nur 55 Jahren. Ihr ältester Sohn Stefano und der britische Zeichner Bill Asprey führten die Reihe fort, sodass wir auch heute noch auf so unbeschwerte Weise an die Kraft der Liebe erinnert werden. Und unsere eigenen Liebesgeschichten zeichnen können.

Ich liebe Liebesgeschichten, denn für mich leuchtet durch jede einzelne die große Liebesgeschichte Gottes mit uns Menschen hindurch. Und an seiner Liebe kann ich lernen: Liebe ist … nur, wenn sie ist!

Liebe ist der Weg vom »an und für sich«
zum »an und für dich«.

Gott, du bist mir nahe ...

Zum ersten Mal verliebt! Wie ein Blitz traf es mich und auf einen Schlag war alles anders. Wurde ihr Name genannt, schnellte mein Puls in die Höhe. Lieblingsorte waren auf einmal die, wo man ihr begegnen konnte, und zuvor noch langweilige Veranstaltungen erhielten einen unübertrefflichen Glanz, wenn sie dabei war. Schon ihr nahe zu sein, machte mich glücklich. Mit ihr zu sprechen, sie gar zu berühren, mit ihr alleine zu sein – der unübertreffliche Inbegriff des Glücks!

Ich versuchte mich im Reimen, tauchte zu den unmöglichsten Zeiten mit den schrägsten Ausreden an den merkwürdigsten Orten ganz zufällig auf – nur um sie kurz zu sehen. Für den Platz neben ihr im Kino wäre ich zu Gewalttaten bereit gewesen, hätten meine Freunde nicht schon längst meine unübersehbare Verwandlung bemerkt und mir mit spöttischem Grinsen die »Bahn frei gemacht«.

Seit dieser Zeit verstehe ich, wenn Liebeslieder von der Nähe singen – ich weiß, dass Liebe eine fast unwiderstehliche Anziehungskraft entfalten kann.

Und ich staune über unsere deutsche Sprache: eine »Näherin« stellt, früher oft in mühsamer Handarbeit, eine »Nähe« zwischen bisher getrennten Teilen her: die »Naht«. Und wer mir ganz besonders »nahe« ist, der wird zu meinem »Nächsten«.

Ich muss ehrlich zugeben, dass ich Nähe anfangs nicht mit dem unsichtbaren Gott verbunden habe, bis, ja bis ich auf Menschen stieß, die Nähe zu Gott mit bestimmten Orten, etwa einer Kirche, einem Kloster, oder einer bestimmten Handlung, etwa Gebet, Bibellese oder Segen, verbanden. Und ich erkannte, dass es auch in meinem Leben Orte, Handlungen, Erfahrungen gibt, die mich Gott besonders nahe sein lassen – zumindest »fühle« ich es so. Dieses Gefühl ist gut und für mich auch wichtig, aber es ist kein Beweis der Nähe.

Nähe zu Gott, das hat je länger, je mehr immer weniger mit meinem Näheempfinden, sondern mit Gottes »Nähen« zu tun. Irgendwann konnte ich glauben, wirklich glauben, dass der unsichtbare Gott, menschlich gesprochen, so über seine Liebe zu *mir* reden und schreiben könnte, wie ich das in den ersten Sätzen dieses Textes getan habe. Aus Liebe naht Gott sich mir, immer, immer wieder. Gott kommt mir in Jesus Christus so nahe, näht eine so unauflösliche Naht, dass ich ganz und gar mit ihm verbunden, in ihm geborgen bin. Gott lieben, wirklich lieben – das wäre für mich vollkommen unmöglich, hätte er mich nicht zuerst geliebt. Ich könnte mir zwar einreden, ich liebte Gott, aber in Wirklichkeit liebte ich nur mich selbst, meine Gefühle oder mein Gottesgötzenbild.

Doch weil Gott mich liebt, ist alles anders: Ich bin mir nicht selbst der Nächste, sondern komme ihm nahe. Und ich spüre, wie gut es mir und meinem Leben tut, wenn ich mich lieben lasse, wenn ich durch meine Gedanken, meine Worte oder Taten nicht vor dieser Liebe davonlaufe, sondern sie erwidere.

Liebe sucht Nähe – bei erfüllter Liebe kommt die Nähe von beiden Seiten. Was mir bei meiner ersten großen Verliebtheit nicht dauerhaft geschenkt worden ist, erlebe ich in der Gemeinschaft mit Gott Tag für Tag. Gottes Naht hält. Welch ein Glück, ihm nahe zu sein!

Mengen-Leere

»Je mehr wir haben, desto mehr haben wir zu wenig!«, hat der frühere Freiburger Oberbürgermeister Böhme einmal treffend formuliert. Wir erleiden in diesen harten Zeiten die Folgen von Gier, Unehrlichkeit, Augenwischerei und Großmannssucht. Und trotzdem können Werbestrategen mit Ego-Botschaften wie »Geiz ist geil« und »Unterm Strich zähl ich!« offensichtlich immer noch bei uns punkten. Haben wir wirklich nicht verstanden, dass sich im Treibhaus der Ellenbogengesellschaft die Gierigen und Skrupellosen ungehemmt vermehren? Mut zum Miteinander, Rücksicht, Nächstenliebe – das brauchen wir. Eine zukunftsfähige Gesellschaft wächst und gedeiht, wenn wir wieder beherzigen: »Liebe Gott und deinen Nächsten wie dich selbst!« (siehe Matthäus 22,37-39). Besser der altbekannten, unterschätzten biblischen Botschaft vertrauen als irgendwelchen »hippen« Werbestrategen, denn: »Wir sind doch nicht blöd!«

Gott gibt uns nicht, was wir verdienen,
sondern vergibt uns, damit wir ihm dienen.

Leitpfosten fürs Leben

Kennen Sie das? Stockfinstere Nacht – kein Mond, keine Sterne und eine absolut kurvenreiche, leere, schmale Landstraße. Ich taste mich um jede Biegung und bin heilfroh. Heilfroh für etwas, was ich bei Tageslicht oft gar nicht wahrnehme: Leitpfosten mit Katzenaugen! Was häufig so scheinbar unnötig in der Gegend herumsteht, entwickelt in der Finsternis seine lebensrettende und bewahrende Kraft. Ich weiß, zwischen diesen Pfosten bin ich sicher unterwegs.

Immer mehr Menschen glauben, dass sie, bei Licht betrachtet, Gottes Wort und seine Gebote eigentlich nicht brauchen. Und doch leben wir in Zeiten, in denen in vielen überlebenswichtigen Fragen die Ratlosigkeit, die Orientierungslosigkeit, die Dunkelheit zunimmt. Es könnte hilfreich sein, mal wieder auf die guten, alten Leitpfosten fürs Leben zu achten …

Malen nach Zahlen

Meine Tochter hat das Malen entdeckt. Nein, nicht »live« in der Natur oder vor einem arrangierten Stillleben. Sie betreibt die ungleich langweiliger anmutende Variante: Malen nach Zahlen. Anfangs konnte ich mir die eine oder andere spöttische Bemerkung nicht verkneifen. Was ist schon so kreativ daran, Farbkleckse in vorgezeichnete Felder zu platzieren?! Inzwischen ist mir das Lachen aber vergangen, denn ihre Bilder sind wirklich schön: fröhlich, farbig, lebhaft und auch originell. Dazu viel, viel besser als alles, was ich mit meiner bescheidenen künstlerischen Ader je zu Papier gebracht habe.

Meine Tochter bringt sich mit ihrer Sicht und ihrer Kraft in das ein, was Künstler für sie vorbereitet haben. Das ist etwas anderes als das »selber, selber« der ungezählten Kindermünder, die ihre Umgebung für sich entdecken wollen. Sich selbst, die eigenen Möglichkeiten und die Welt zu erobern, ist wichtig, und dennoch braucht das Leben manchmal auch Vorlagen. Mit »selber« und »alleine« lässt sich nicht alles bewältigen, was uns das Leben so einbrockt.

Christen sind nicht allein in ihrem Leid und sie müssen auch nicht kreativ sein, wenn es um einen überzeugenden christlichen Lebensstil geht. Jesu Leben ist wie eine Schreibvorlage, wie »Malen nach Zahlen« für Gottes Leute. Weil Jesus sich uns und unsere Schuld nicht vom Leib gehalten, sondern ans Kreuz getragen hat, ist ein »alter-nativer«, ein »neu-geborener« Lebensstil möglich: Wir können Gerechtigkeit leben. Nicht irgendeine Gerechtigkeit, Gottes Gerechtigkeit. Am Leben Jesu ist abzulesen, dass das zum Beispiel bedeutet, die Hass- und Gewaltspirale aus Worten und Taten zu durchbrechen. Nicht um »klein bei« zu geben, sondern um es an den einzig Großen abzugeben, der gerecht richtet.

Das können wir nicht aus eigener Kraft. Nur allzu oft gehe ich eigene Wege, verwische die Schreibvorlage, beachte die vorgeprägten Malfelder nicht. Ich bin wahrlich nicht schuldlos und werde deshalb bei Jesus Christus von Herzen gerne immer wieder meine Schuld los. Jesu unschuldiges Sterben heilt meine Rebellion, das menschliche »Allein« und »Selber«, mein »Wie du mir, so ich dir«, meine zerstörerischen Gedanken, Worte und Taten. Es muss so nicht weitergehen, es gibt einen anderen, einen neuen Weg. Heil werden und geheilt leben. Wir sind auf dem Holzweg, wenn wir meinen, Jesu Weg zum Holz für uns selbst nicht zu brauchen. Wenn ich Jesus tun lasse, was nur er für mich tun kann, bleibt er mein Begleiter an guten und schweren Lebenstagen. Er tröstet mich und hilft mir durchzuhalten. Dann entsteht ein Lebensbild nach seinem Muster, manchmal dunkel, manchmal hell, aber immer heilsam lebendig.

Ohne Navi – na wie?

Ja, ich gebe es zu: Ich war auch einer der Technikfreaks, die es genossen haben, im Auto mit einer sonoren Stimme, mit Zeit- und Zeichensignalen punktgenau an die richtige Stelle geführt zu werden. Bis, ja, bis mein Navi ausfiel und ich mich – schnöde zurückgeworfen ins »Autosteinzeitalter« – wieder auf Verkehrsschilder und Karten einlassen musste. Die erste navilose Fahrt ging absolut daneben – mehrfach verfahren, Schilder übersehen, falsch gelesen, es war zum Verzweifeln! Meine frühere Sicherheit im Umgang mit Verkehrszeichen – verkümmert! Nicht mehr benötigt, vergessen, verlernt. Mir war das eine Lehre: Ich bleibe vorläufig navifrei, fahre wieder »auf Sicht« und staune, was Mann aus Verkehrszeichen doch alles herauslesen kann.

Geht uns das nicht öfter so? Verkümmerte Fertigkeiten, weil es technisch ja viel bequemer geht?! Ich bin weit davon entfernt, ein Technikgegner zu werden, aber ich will Gottes Schöpfungsgabe, meine fünf oder manchmal mehr Sinne einsetzen, genießen und entfalten. Vielleicht probieren Sie das irgendwo und irgendwie ja auch mal wieder aus?

Operation gelungen – Patient tot

»Operation gelungen – Patient tot« – so kommentieren wir gelegentlich, wenn Menschen wichtige Ziele erreichen, ohne dass sie das gewünschte Ergebnis bringen:

- Da hat es einer in die Chefetage geschafft, aber die Ehe ist darüber zerbrochen und der Alkohol nun sein bester Freund …
- Da hat jemand sein vermeintliches Recht auf Biegen und Brechen durchgesetzt – nun hat er Recht, aber keine Freunde mehr …
- Da hat eine Firma ihre Produktivität weiter gesteigert, nur können sich all die ehemaligen Mitarbeiter als Arbeitslose die Produkte nicht mehr leisten …
- Da eröffnet uns die Gentechnik fantastische Perspektiven in Sachen Krankheitsbekämpfung, aber am Ende steht vielleicht der programmierte und manipulierte, der »gläserne Kunstmensch aus dem Katalog« …

Solche »Pyrrhussiege« sind fatal: Vorne raucht es zwar, aber eigentlich ging der Schuss nach hinten los!

Genau davor will Jesus uns Menschen mit dem Hinweis vom »Totalschaden an sich selbst« bewahren. Er stellt seinen Jüngern eine Frage, deren Beantwortung auf der Hand liegt: »Was hilft es, die Welt zu gewinnen und dabei die Seele zu verlieren?« (siehe Matthäus 16,26). Nein, es nutzt gar nichts, auch nicht den ganzen Kosmos zu gewinnen, wenn Mann/Frau sich selbst dabei verliert oder zumindest schwer beschädigt.

Geht das? »Sich selbst verlieren« oder »sich finden«?

Früher hätten aufgeklärte Zeitgenossen dies wohl als sentimentalen Firlefanz selbst ernannter Seelenklempner

28

ins Reich der Märchen verwiesen, aber seitdem uns die Esoterik- und Psychowelle überrollt, zählen immer mehr Menschen den eigenen Seelenpuls, in der festen Überzeugung, dass man die eigene Persönlichkeit, das »unsichtbare Ich«, die Seele als »Zentrale des Menschen« mindestens ebenso pflegen sollte wie Haare oder Zähne.

Diese modernen Trends erscheinen mir als Hinweis auf die Wahrheit der uralten Worte Jesu: Ja, wir können uns verlieren oder schwer beschädigen. Weil wir als Menschen nicht nur Materie sind, wird uns Materielles allein auch nie befriedigen. Dennoch liegen Welten zwischen Jesu Aussage und der Philosophie moderner Egotrips:

A t h e i s t i s c h , also »gott-los«, heißt das Programm zur Selbstfindung: »ICH finde mich nur in mir selbst«, und sei es auch auf Kosten aller anderen. Der Zug der Egomanen, die nur sich selbst verantwortlich sind, überrollt so langsam unsere ganze Gesellschaft. Es wird – trotz des vielen Guten, das unübersehbar vielfach geschieht – doch einsamer und kälter unter uns. Und wer keinen Gott mehr über sich hat, erklärt sich flugs selbst zum Schöpfer oder auch Richter über das Leben (anderer).

C h r i s t l i c h , also »in den Spuren Jesu«, führt der Weg zu mir selbst über den Gott, der in Jesus Mensch geworden ist. Wer in der Gefahr steht, sich zu verlieren, braucht einen festen Halt, muss sich an einer sicheren Stelle festmachen. Ich finde mich selbst in der Begegnung mit dem Gott, der mich geschaffen hat und mich einlädt, ihm zu glauben, zu vertrauen. Ich finde mich selbst, wenn ich aus der Begegnung mit Gott meine Mitmenschen, auch die Kranken und Behinderten, mit ganz anderen Augen sehe.

Jesu Worte weisen Sie darauf hin: Wer sich nur auf sich

selbst verlässt, ist von allen guten Geistern verlassen. Im Strudel des Lebens gehe ich unter, wenn ich mir selbst der Nächste bin. In den offenen und drängenden Fragen unserer Zeit geht es nicht um schwarz-weiß-Denken, aber auch nicht nur um das Machbare. Auf die Seele achten und nach Gott fragen – das hat Zukunft. Höchste Zeit, dass wir das neu entdecken!

* *

Ich bin sinn-voll.

* *

Offene Türen

»Du kriegst die Tür nicht zu!«, entfuhr es mir voller Überraschung, als ich vor Jahren in meinem Schulpraktikum erlebte, wie mein Schulmentor, ein erfahrener Pädagoge, selbst mit der schwierigsten Schulklasse absolut mühelos arbeiten konnte. Sein Unterrichtsstil, an angelsächsischen Vorbildern entwickelt, unterschied sich schon dadurch, dass die Tür zum Klassenraum während der ganzen Zeit offen stand. Diese offene Tür symbolisierte Transparenz, Mitwirkung an der Schulgemeinschaft und Offenheit für alles, was sich in und außerhalb dieses Raumes ereignete.

Als ich Jahre später die größte »Softwareschmiede« unseres Landes besichtigte, stieß ich bis zur Vorstandsebene wieder auf geöffnete Bürotüren als Ausdruck der niedrigen Hierarchien, des Teamgedankens und des kreativen und erfinderischen Geistes.

Da bedrückt es mich, dass Wohnungstüren heute mehrfach gesichert sein müssen und dass gerade im ach so freien Internet niemand computertechnisch überleben kann, der sich nicht mit »firewalls« und Virenprogrammen möglichst hermetisch abriegelt. Und es macht zornig und schockiert mich, was sich hinter den verschlossenen Türen der »Vertrauensräume« in Familien, Internaten, Schulen und Vereinen an Missbrauch und Misshandlung von Kindern und Jugendlichen ereignet (hat).

Sie merken es: Der Symbolgehalt von Türen, offen oder verschlossen, lässt mich nicht mehr los. Es macht einen großen Unterschied, ob mir jemand die Tür vor der Nase zuschlägt, mich vor die Tür setzt oder öffentlich willkommen heißt.

»Offene Türen« – das ist ein wichtiges Thema für uns selbst und unsere Gesellschaft. Und vielleicht wäre es ja auch in Ihrem Leben wichtig, Türen wieder zu öffnen, die schon lange nicht mehr bewegt wurden. Oder andere Türen erstmals aufzustoßen. Ich hoffe, ich renne mit diesem Impuls offene Türen bei Ihnen ein …

Dran glauben müssen ...

Mussten Sie schon einmal »dran glauben« und haben Sie, weil man Sie zum Glauben gezwungen hat, alle Freude am Glauben verloren? Und an wen oder was glauben Sie heute? Die Angebote sind ja vielfältig und deshalb oft auch verwirrend.

Gerne möchte ich erklären, was für ein »Gesicht« Gott für mich hat. Am besten kann ich das mit dem biblischen Gleichnis von Vater und Sohn (siehe Lukas 15,11-32):

Ein Sohn, eigentlich ein »Jedermann«, findet's zu Hause zum Davonlaufen, läuft falschen Freunden nach, verläuft sich im Labyrinth des Lebens und wagt nach all der Lauferei die Umkehr. Sein Vater pfeift auf orientalisch würdevolles Benehmen, läuft seinem Sohn voller Freude weit entgegen und küsst ihn nach Hause. Die Liebe gibt allem Stolz den Laufpass. Wie ein Lauffeuer folgt der Vater seinem Herzen, das immer bei dem verlorenen Sohn war ...

Dabei hätte der Vater doch mit Fug und Recht auf das reuevolle Schuldgeständnis des Sohnes warten können. Mir imponiert: Da hat einer recht und ist dennoch nicht rechthaberisch. Da könnte einer beleidigt zurückweichen und tut doch den befreienden Schritt. Da ist eigentlich »Zerknirschung in Moll« angesagt, doch die Liebe des Vaters macht daraus ein »Freudenfest in Dur«.

So wie dieser Vater – das will Jesus mit dem Gleichnis sagen –, so ist Gott. Voller Liebe kommt er uns entgegen und macht die Gnade zu seinem Recht. Sie und ich, wir sind eingeladen, uns diese Liebe »gefallen zu lassen«, um dann ebenfalls befreiende Schritte der Liebe zu tun.

Abschlagen

»Du musst!« – »Du bist dran!«: So schallt es bis in mein Arbeitszimmer. Die Kinder des benachbarten Johanneskindergartens nutzen das schöne Wetter zum lauten Spielen, und als sei die Zeit seit Generationen stehen geblieben, ist »Abschlagen« immer wieder einer der Spielehits. Wild rennen die Kinder durcheinander und bemühen sich, nur ja nicht von Klaus berührt zu werden, denn »Klaus ist dran«! Der sprintet furchterregend auf seine Spielkameraden zu und ist, nach einem großen Satz, die Aufgabe des Jägers schon wieder los.

»Abschlagen« – durch Berührung die Verliererrolle wieder loswerden: Im Wettkampf der Kinder gelingt das immer recht schnell. Und im richtigen Leben? Wer nimmt mir da die Verliererrolle ab? Wer hilft mir im Wettkampf des Alltags, wenn ich so gerne mit einer »leichten Berührung« meine Last loswerden und die Verliererrolle weitergeben würde? Eine fast rhetorische Frage, denn wir wissen ja, dass das Leben kein Spiel ist und wir unsere Lebenslasten so einfach nicht loswerden.

Und doch lohnt es sich, über das beliebte Kinderspiel vom »Abschlagen« nachzudenken: Kinder übertragen die Rolle des Verlierers durch Berührung auf einen anderen. Auch im Verhältnis Gott/Mensch kann ich meine Lasten loswerden, muss ich nicht Verlierer bleiben: »Jesus Christus, du musst! Du bist dran!«, darf, ja, muss ich sagen, wenn es um meine »Minusbilanz« geht. Wissentlich und willentlich gebe ich Jesus mein Versagen, meine Schuld, mein Unvermögen und erfahre, dass er mich erträgt und trägt! Die Verliererrolle im Verhältnis zu Gott nimmt er mir ab, an meiner Stelle trägt er die Last meines Lebens und ich darf mich freuen an der neu geschenkten Gemeinschaft mit Gott.

Dann riecht es nach Versöhnung und Neuanfang. Diese Erfahrung strahlt aus auf mein ganzes Leben – die neue Gemeinschaft mit Gott hilft mir, mit seiner Hilfe mein Leben neu anzupacken. Gott macht mich stark, auch im oft rauen Klima unserer Gesellschaft und Arbeitswelt, hilft mir zu einem versöhnlichen Miteinander in der Familie und im Freundeskreis. So wird ein lebendiger Glaube zum Rückenwind fürs tägliche Leben. Jetzt sind Sie dran!

* *

Mir schwant noch gar nicht, was mir blüht ...

* *

Blumenignorant

Das Bekenntnis fällt mir schwer, aber ich war Blumenan-alphabet!

Mit viel gutem Willen gelang es mir Rosen, Tulpen und Nelken zu unterscheiden – aber das war es dann auch! Als Ausrede verwies ich immer auf eine wegen Krankheit oftmals fehlende Grundschullehrerin, aber deren eventuellen Versäumnisse sind nach über 40 Jahren nun wirklich verjährt.

Nein, es hat mich einfach nicht genügend interessiert. Blumen waren mir zu klein und leise – Automarken waren mir wichtiger.

Doch nun lerne ich das Staunen: so viele Formen, Farben, Gerüche! So viel Kunstwerk und Nutzen, so viel Fantasie und Verschwendung rings um mich herum. Meine Frau hat mich gelehrt, das Kleine zu sehen, und nun lerne ich, wie viel Kraft im Wunder der Natur für mein Leben liegt! Und ich denke an Jesu Worte in der Bergpredigt: Gott schmückt die Blumen prächtiger als sich ein König Salomo in seinem Reichtum kleiden konnte. Sollte Gott nicht auch für Dich sorgen?

Gott und Django

»Gott vergibt – Django nie« – das ist der den Älteren unter uns noch bekannte Titel eines brutalen Italo-Westerns, der 1967 in die Kinos kam und die Popularität von Terence Hill und Bud Spencer begründete. Da war noch nichts vom Humor und Slapstick der späteren Filme zu spüren und in meiner Jugendzeit wurde so manche übermütige Keilerei oder auch die eine oder andere ernsthafte Schlägerei vom Ausruf begleitet: »Gott vergibt – Django nie.«

Heute, älter und (hoffentlich) reifer, denke ich über diesen Slogan immer wieder einmal nach: »Gott vergibt« – was da so lapidar behauptet wird, ist doch ein großes Wunder. Ganz und gar nicht selbstverständlich angesichts der tiefen Kluft, die zwischen Gott und uns rebellischen Menschen immer wieder festzustellen ist. Und wer diese Vergebung, wer das Geschehen der Versöhnung, der Sühne durch den Sohn, nicht als unverdiente Gnade empfindet und empfängt, dem wird sie auch nicht zuteil. Die Vergebung des heiligen Gottes ist kein Selbstläufer, sondern wird uns da geschenkt, wo wir Gott darum bitten. Das passt nicht ins Weltbild oder ins Lebensgefühl vieler vermeintlich aufgeklärter, sich keiner Schuld bewussten Zeitgenossen, und dennoch: Was wir selbst erlebt haben, werden wir liebevoll und einladend auch den Menschen unserer Gesellschaft zumuten.

Doch damit haben wir die Tiefe der Versöhnung, die Gott uns anbietet, erst zum Teil in den Blick genommen. Unmöglich, dass wir Gottes Vergebung erleben und selbst unversöhnlich bleiben. Gar nicht vorstellbar, dass wir unser prall gefülltes Schuldenkonto durch Jesus Christus begleichen lassen und dann die »peanuts« unseres Nächsten unversöhnlich einklagen. Doch genau das passiert (vgl. Matthäus 18,21-35). Auch durch die »fromme Christensteppe« reitet so mancher einsame Rächer mit rauchendem Colt unter dem Slogan: »Gott vergibt – ich nie!«

Wenn Christenmenschen in unserer heutigen Zeit einen Unterschied machen wollen, dann gehört dazu die Wiederentdeckung der Vergebung: dass wir – allen inneren Widerständen zum Trotz – die Versöhnung auch mit denen suchen, die an uns schuldig geworden sind; dass wir – ohne Umschweife – eigenes Versagen zugeben und um Vergebung bitten. Viel, viel weniger Django und viel, viel mehr Jesus – das brauchen wir in unserem eigenen Leben und in unseren Gemeinden.

* *

Christsein heißt: empfangene Liebe leben.

* *

Ich ent-schuldige mich?

Während meines Studiums diskutierten wir oft engagiert und heftig – manchmal auch zu heftig. Einmal blieb mir gar nichts anderes übrig, als beschwichtigend zu bekennen: »Ich entschuldige mich für meine Lautstärke!« Unser Professor sah mich an und antwortete: »Nein, genau das können Sie nicht! Sie können sich nicht selbst ›ent-schuldigen‹ – Sie können um Entschuldigung bitten, aber ›entschulden‹ müssen Sie immer die Betroffenen!«

Natürlich wussten wir alle, dass es meinem Lehrer weniger um den aktuellen Anlass als vielmehr ums Grundsätzliche ging. Kein Mensch ver-dankt sich selbst und kein Mensch ver-gibt sich selbst – das ist mir seitdem zu einer grundlegenden Gewissheit geworden. Es ist absolut gut und wichtig, dass der christliche Glaube vom Geschenk des Lebens und dem Geschenk der Vergebung spricht. Natürlich gibt es auch Fälle, in denen es daran hapert, dass ich mir selbst nicht vergeben kann, und doch liegt das Geheimnis jeder Vergebung in einem Lebensstil der »offenen Hände«. Ich empfange, ich lasse mir zusprechen, was ich selbst in mir nicht finde – und ich merke: Es gilt!

Fair Play

»Foul, Foul« – so schallt es millionenfach durch die Fußballwelt. Dieses Mal hat ein Schiedsrichter, sozusagen der Garant des »Fair Play«, nachweislich selbst das getan, was er ahnden und bestrafen sollte: Er hat »gefoult«, also eine Aktion begangen, die Buchstaben und Geist der Regeln des Spiels widerspricht. Die Entrüstung ist groß, vielleicht auch deshalb, weil es uns immer noch schwerfällt, die doch eigentlich längst nicht mehr heile Fußballwelt realistisch wahrzunehmen. Die Enttäuschung ist groß, weil wir einen Hunger nach Gerechtigkeit verspüren, uns danach sehnen, dass es aber auch wirklich(!) ehrlich und gerecht, fair und vertrauenswürdig zugeht. Wer stichprobenartig untersucht, was die Stichwörter »Geld« und »Macht« mit Menschen machen, den überrascht nicht, dass Menschen »bestechlich« sind, die Wahrheit »im Stich lassen« und das erhöhte Bankkonto für »stichhaltiger« einschätzen als »satte Gerechtigkeit«.

Da hilft kein Lamentieren und auch kein erhobener Zeigefinger, bei dem ja bekanntlich die anderen Finger auf uns selbst zurückweisen. »Bestechend aussichtsreich« ist immer noch, wenn wir uns selbst an die Spielregeln halten. Nur wenn wir aufhören, mit verniedlichenden Sätzen wie: »Das tut doch jeder«, zu entschuldigen, was – Gott sei Dank – noch längst nicht jeder tut, hat Fair Play eine echte Chance. Dabei habe ich auch Jesus Christus vor Augen, der sich nicht hat manipulieren und bestechen lassen und der in mir die Hoffnung weckt, dass der oftmals gar nicht leichte Weg des Fair Play sich letztlich als gut und verheißungsvoll erweisen wird. Fair Play hat Zukunft, wenn wir

unseren Beitrag dazu leisten und die ermutigen und unter-
stützen, die sich tagtäglich im Alltag und »auf dem grünen
Rasen« an »Buchstaben und Geist der Regeln« halten.

Leber an Laus: Schaff dich raus!

Darauf steh ich!

»Ich war froh, als ich wieder festen Boden unter den Füßen hatte« – so höre ich es immer einmal von Reisenden zu Luft und Wasser. Einen festen »Stand-punkt«, wo nichts trügt und wankt – das brauchen wir Menschen. Und die schiere Existenz unseres blauen Planeten, der Welt, in der wir leben, erscheint vielen, bei allem Wandel, als so ein sicherer Ort. Aber genügt das in allen Krisenzeiten und Herausforderungen des Lebens?

Ich glaube, das Feste, den nicht wankenden Halt, den wir Menschen brauchen, werden wir nicht in uns selbst und auch nicht in der Schöpfung aus Himmel und Erde finden. Für mich bleibt unterm Strich das Vertrauen in die Worte Jesu. Seine Aussagen zur tragenden Liebe und Vergebung Gottes, zu Schutz und Geborgenheit im Glauben nehmen mir jede Angst vor der ungewissen Zukunft: »Meine Schafe hören meine Stimme, und ich kenne sie und sie folgen mir; und ich gebe ihnen das ewige Leben, und sie werden nimmermehr umkommen und niemand wird sie aus meiner Hand reißen. Mein Vater, der sie mir gegeben hat, ist größer als alles und niemand kann sie aus des Vaters Hand reißen. Ich und der Vater sind eins« (Johannes 10,27–30).

Ich weiß nicht, was kommt, aber ich vertraue dem, der kommt und der die Zukunft und Gottes Schöpfung in seinen Händen hält.

Alles Wasser oder was?

Mag sein, es ist, wie Wasser in den Rhein zu schütten, aber heute möchte ich einmal Wasser auf die Mühlen all derer gießen, die meinen, dass wir Wasser nicht genug wertschätzen. Dichter und Literaten, denen ich nie und nimmer das Wasser reichen kann, fühlten sich wie ein Fisch im Wasser, wenn sie über Wasser, über Flüsse, über Seen und Meere schrieben. Mir läuft jedenfalls das Wasser im Mund zusammen, wenn ich an einen kühlen Schluck Wasser an einem heißen Tag denke. Und meinen Sie bloß nicht, ich würde Wasser predigen und Wein trinken – nein, ich fühle mich im richtigen Element, wenn ich nur eine Handbreit Wasser unterm Kiel habe. Mit Wasser kann nicht nur ich mich lange über Wasser halten. Ohne Wasser fühle ich mich schnell wie ein Schluck Wasser in der Kurve. Menschen, die nah am Wasser gebaut sind, könnten Rotz und Wasser heulen, wenn sie sehen, wie oft der sinnvolle Umgang mit unseren begrenzten Ressourcen schlichtweg ins Wasser fällt. Viele tun so, als könnten sie kein Wässerchen trüben, obwohl sie alles tun, um anderen das Wasser abzugraben. Da könnte ich Blut und Wasser schwitzen, denn ohne Wasser steht Menschen das Wasser bis Oberkante Unterlippe. Es bringt das Fass zum Überlaufen, wenn es bei den Grundbedürfnissen des Lebens nicht gerecht zugeht. Wir sollten öfter mal den Sprung ins kalte Wasser wagen und sensibler mit Wasser umgehen. Appelle alleine sind dabei ein Schlag ins Wasser. Wer glaubt, ein respektvoller Umgang mit der Schöpfung spiele in der Bibel keine Rolle, dem steht das Wasser eigentlich schon bis zum Hals. Denn Verschwendung und maßvoller Umgang sind in der Bibel wie Feuer und Wasser. Mutig mit gutem Beispiel voranzugehen, ist wichtig, denn steter Tropfen höhlt den Stein. Wer das Wasser holt, macht zwar am wahrscheinlichsten den Krug kaputt, aber das ist immer noch besser, als den Fluss zu tadeln, wenn man ins Wasser gefallen ist. Oft sind es gerade die stillen Wasser, die nicht nur mit Wasser kochen, sondern wirklich etwas verändern. Zugleich dürfen wir, wenn wir so über Wasser sprechen, auch an die Quelle denken. Richtig klares Wasser, auch im übertragenen Sinne, finden wir nur dort.

Alles Wasser oder was?

Besser »Leben satt«, als das Leben satt zu haben.

Grüner Daumen

Haben Sie einen »grünen Daumen«?

Immer wieder stoße ich auf Menschen, denen mit Blumen und Pflanzen so ziemlich alles gelingt. Während bei mir alles eingeht wie die sprichwörtlichen Primeln, blüht und gedeiht es ein paar Häuser weiter unverschämt prächtig.

Mit dem Leben ist es oft nicht anders: Das eine floriert und ein anderes verwelkt, ehe es je richtig geblüht hat. Wie bei den Blumen gibt es beim Leben keine Patentrezepte, aber Rat und Hilfe schon. Gerade dann, wenn man nicht weiß, was einem so blüht. Gott ist der Ratgeber für das Leben – es kann nicht verkehrt sein, beim Schöpfer und Erhalter des Lebens immer wieder nachzufragen. Die Bibel ist voller lebendiger Worte, die Leben ermöglichen und erhalten. Gott hat den grünen Daumen für das Leben und er ist kein Geheimniskrämer. Seiner guten Gärtnergabe können Sie vertrauen – jeden Tag neu.

Für große Fehler

Lange lag er auf meinem Schreibtisch – bis die Sonnen-einstrahlung ihn so »mürbe« gemacht hatte, dass er beim Anheben einfach zerbröselte: ein Riesenradiergummi mit der Aufschrift »For big mistakes« (für große Fehler).

Ich habe ihn nur selten benutzt, weil ich ihn unversehrt bewahren wollte, weil ich nur selten mit Bleistift schrei-be … Aber ganz oft, wenn mein Blick auf den Riesenra-diergummi fiel, dachte ich: »Gut, dass es das auch im rich-tigen Leben gibt.«

Was wäre menschliches Leben ohne die Chance der Ver-gebung?! Vergeben bedeutet loslassen, Reue annehmen, die Macht des Zerstörerischen brechen. Im tiefsten Sinne »Schwamm drüber«, weil das Wasser des Schwamms die Kreideschrift einfach auslöscht. Vergebung geschieht von innen heraus, macht etwas mit mir, meinem Gegenüber, ist eine un-glaub-lich starke Macht. Im christlichen Glauben ist es Gottes Liebe und Vergebung, die Ihnen und mir neu-es Leben ermöglicht und uns die Kraft schenkt, ebenfalls zu vergeben. Wer Vergebung lebt, lebt nicht vergeblich!

Lass dir mal den Vogel zeigen

Wann hat Ihnen zum letzten Mal jemand einen Vogel gezeigt?

»Bei dir piept's wohl«, soll das heißen, und auch wenn mir das Beleidigende dieser Geste gerade im Vergleich mit »modernen Schimpfgesten« gar nicht recht einleuchten will, sehen wir sie nicht gerne!

Trotzdem, heute möchte ich Ihnen einen Vogel zeigen, oder – genauer – Sie daran erinnern, dass Jesus den Menschen öfter mal einen Vogel gezeigt hat: »Schaut die Vögel an. Sie müssen weder säen noch ernten noch Vorräte ansammeln, denn euer himmlischer Vater sorgt für sie. Und ihr seid ihm doch viel wichtiger als sie« (Matthäus 6,26; NLB). Gott sorgt sich um seine Schöpfung, deshalb brauchen wir uns nicht von Sorgen zerfressen lassen. Das können wir an der Schöpfung lernen – immer noch, obwohl wir ja keine Gelegenheit auslassen, um das Gleichgewicht des Lebens zu zerstören.

Also, wenn die Sorgen Sie mal wieder kräftig im Griff haben, lassen Sie sich von Jesus den Vogel zeigen!

$$\sqrt{Staunen} = N\ddot{a}he^2$$

Sommeranfang

Lange bevor die ersten Sonnenstrahlen uns ihre Wärme schenken, fragen wir uns, wie »er« wohl wird – der Sommer in diesem Jahr. Gerade der Anfang ist, wenn man auf alte Bauernregeln hört, verräterisch. Warm und trocken? Heiß und wechselhaft? Kalt und nass?

Wie »er« wohl wird – der Sommer?

Vieles, was uns Menschen im Allgemeinen begeistert, verbinden wir mit dem Sommer: Wärme, Licht, blühende Natur, kühlendes Nass, Urlaub, ausgelassenes Feiern im Freien.

Wie Sie auch bin ich gespannt, wie »er« wird. Und erwartungsvoll kann ich sein, weil ich weiß: Der Sommer wird kommen. Vielleicht nicht so himmelblau heiß wie erwartet, aber es wird sie geben – die unvergleichlichen Lichttage und die lauen Nächte. »Solange die Erde steht, soll nicht aufhören Saat und Erde, Frost und Hitze, Sommer und Winter, Tag und Nacht« (1. Mose 8,22). Über alle astronomischen Kenntnisse hinaus halte ich mich an dieses alte Bibelwort – es redet von der Treue Gottes, erkennbar auch im steten Wechsel der Jahreszeiten. Mit dieser »Sonne im Herzen« kann es Sommer werden!

Wenn die Gartenmöbel reingeholt werden

In schöner Regelmäßigkeit bekommen wir Ende Oktober genau erklärt, was bei der Umstellung von der Sommer- zur Normalzeit nun eigentlich passiert.

Wir können uns, ohne selbst ganz »sattelfest« zu sein, im Fernsehen köstlich über alle diejenigen amüsieren, die die Zeitumstellung mal wieder falsch erklären. Wobei die meisten jetzt verstanden haben: Wenn wir die Gartenmöbel rausstellen, ist Sommerzeit und wir drehen die Uhr vor. Wenn wir die Gartenmöbel reinholen, ist Winterzeit und wir stellen die Uhr eine Stunde zurück.

Viele von uns werden bei der Umstellung auf die Winterzeit eine Stunde länger schlafen und sich zugleich ärgern, dass es abends nun wieder »richtig früh« dunkel wird. Dabei hat mir ein aufgeklärter Zeitgenosse schon vor Jahren gebetsmühlenartig eingetrichtert, dass »die Zeit ja gleich bleibt und nur die Uhren anders gehen«.

Es ist schon etwas Erhabenes und Merkwürdiges um die Zeit! Und es tut gut, im Wechsel der Zeiten einen festen Mittelpunkt zu haben, um den herum sich alles dreht. »Meine Zeit steht in deinen Händen« (siehe Psalm 31,16) – so vertrauen Menschen schon seit Tausenden von Jahren dem ewigen Gott. Das gilt, auch wenn die Uhren anders gehen.

Lebens-Mittel

Ein Stöhnen geht durch die deutschen Lande: Die Preise für Milch und Getreide steigen. Grundnahrungsmittel werden teurer – leider ohne dass damit auch mehr Geld bei unseren Landwirten ankäme. Und so werden wir zukünftig wohl nicht nur darüber diskutieren, wie viel uns unsere Gesundheit kosten darf, sondern auch darüber, was uns frische Lebensmittel denn wert sind.

Ich werde nie den rührigen Bauern vergessen, der nach einem Abendmahlsgottesdienst in meiner ersten Gemeinde mit freudestrahlenden Augen näher kam, zu Brot und Wein auf dem Altar deutete und ausrief: »Meine Lebens-Mittel!«

Ja, es ist wichtig, dass wir für alle faire und für alle bezahlbare Lebensmittel in den Regalen unserer Kaufhäuser finden, aber davon alleine leben wir nicht. Wir leben von der Liebe Gottes, die erkennbar ist in der Schönheit und Fruchtbarkeit seiner Schöpfung, aber viel deutlicher noch in der Kraft der Hoffnung und Versöhnung, wie wir sie miteinander im Abendmahl feiern. Wenn ich in Gemeinschaft mit anderen Menschen Gottes Vergebung nicht nur zugesprochen bekomme, sondern sie in Brot und Wein gleichsam schmecke, dann darf ich erneuert und hoffnungsvoll leben, auf-leben, im Blick auf den mich liebenden und mir vergebenden Gott.

Haben Sie noch Garantie?

Haben Sie eigentlich noch Garantie? Jeder will Garantie für alles, sich »ver-sichern«, aber ob morgen die Flieger noch fliegen, der Strom noch strömt, die Wärme noch wärmt, mein Kontostand noch stimmt – sehr wahrscheinlich, aber garantieren will uns das niemand. Wer garantiert Ihnen oder für Sie?

Wenn ich mich das selbst ab und zu frage, dann tröstet mich ein Versprechen Jesu: Ich bin bei euch (siehe Matthäus 28,20)! Ohne Wenn und Aber! Garantiert!

Damit wir uns nicht missverstehen: Das gilt nicht als göttlicher Segen für alles und jeden. Jesus verspricht das denen, die Gott vertrauen wollen, die gerade mit allen ihren Fehlern, Zweifeln und Schwächen mit ihm und nach seinem Willen leben wollen. Gott ver-sichert uns, dass er bei uns ist.

Die Garantie haben Sie, wenn Sie sie möchten: nicht, dass Ihnen alles gelingen wird, nicht, dass Sie gesund bleiben, lange leben oder Ihren Arbeitsplatz behalten, aber dass Sie alles, was Sie auch erleben, mit Gott an Ihrer Seite durchstehen können.

* *

Das Haus des Lebens braucht ein Heim.

* *

Gilt die noch?

»Gilt die noch?« – so kam die Mutter einer Konfirmandin fragend auf mich zu. In den Händen hielt sie eine große, schwarze Familienbibel. Seit Generationen, so erzählte sie mir, sei dies nun schon die Konfirmationsbibel.

Ich konnte die Frau beruhigen. Während wir es gewohnt sind, auf Ablaufs- und Verfallsdaten zu achten, hat sich der Inhalt der Bibel nicht verändert. Gewiss, es gibt heute modernere Übersetzungen, die das Lesen und Verstehen erleichtern, aber der Inhalt, das, was da in der Bibel über die Geschichte Gottes mit seiner Welt festgehalten wurde, hat auch heute noch Bestand. Erstaunlich, dass in einer Zeit, in der sich alles in atemberaubendem Tempo entwickelt, Menschen die Botschaft der Bibel immer neu entdecken.

Also, sie gilt noch! Allerdings: Nur, wenn wir sie aufschlagen und darin lesen, alleine oder gemeinsam, kann sie ihre innere Kraft entfalten. Richtig gelten wird die Bibel nur, wenn Sie entdecken, dass sie Ihnen gilt. Probieren Sie's doch mal!

Glauben will gelernt sein

Ist es nicht absolut faszinierend, dass einer der am meisten verwendeten Begriffe der letzten Jahre seine Verbindung zum jüdisch-christlichen Glauben nicht verbergen kann? »Bildung« als umfassender Wunschzettel unserer Gesellschaft meint in seinem Wortkern ursprünglich den geschaffenen (»gebildeten«) Menschen im Gegenüber zu seinem Schöpfer und ist damit elementar mit dessen Würde und Verantwortung verbunden. Kein Menschsein ohne Bildung als schöpferische Gabe und menschliche Aufgabe. Und von »Bildung« wiederum führt ein direkter Weg zu Lehre und Lernen in all seinen Dimensionen.

Darf man deshalb sagen: »Glauben will gelernt sein!«? Ich möchte keinesfalls das Unverfügbare, die Gnade des Glaubens bestreiten, und doch deutlich und nachdrücklich betonen, dass Bibelkenntnis, Geschichtskenntnis, Menschenkenntnis, Lebenserfahrung uns gar nicht groß genug von dem denken lassen können, was »Lehre und Lernen« im Leben eines Menschen bewirken können.

In einer Zeit, in der die »genetische Determination«, das biologische Festgelegtsein des Menschen, uns manchmal sprach- und mutlos machen kann, geht es nicht darum, falsche Alternativen zu schaffen, sondern unbeirrt, nachdrücklich und ermutigend auf die Dimensionen des lebenslangen(!) Lehrens und Lernens zu verweisen. Und das gerade eben nicht als »dumpfe Hirnakrobatik«, als Anhäufung von Wissensinhalten verstanden, sondern als ganzheitliches Geschehen, welches uns Menschen mit Verstand, Gefühl und Wille gleichermaßen betrifft.

Ich finde es so treffend, dass in der englischen Sprache

das Auswendiglernen eben nicht »learning by brain« (mit dem Gehirn lernen), sondern »learning by heart« (mit dem Herzen lernen) heißt, und es treibt mich an, dass so viele Kirchenväter, dass prägende Reformatoren, dass auch die pietistischen Stammväter der Pädagogik, der Bildung, der Erziehung, dem Lehren und Lernen eine so zentrale Bedeutung beigemessen haben.

Also: »Glaube ist ein Geschenk!« und »Glauben will gelernt sein!« – in dieser Spannweite dürfen wir auch vom Glauben denken und reden.

. . . .

»Ge-bildet« ist, wer vom Geschöpf auf
den Schöpfer schließt.

. . . .

Heilige Familie?

Ist uns die Familie noch heilig? Darf sie das überhaupt sein? Und was meinen wir mit Familie?

Wer das Wort »Familie« von seinem Ursprung her erkunden will, stößt auf Überraschendes. »Familie« kommt ursprünglich vom Haussklaven »famulus« und deutet an, dass damit primär der Besitz eines Mannes bezeichnet wurde: sein Hausstand, bestehend aus Frau(en), Kind(ern), Sklaven, Tieren und seinen Gütern. In der Bibel leuchtet ein derartiges Verständnis etwa in der Auflistung des zehnten Gebotes auf: »Du sollst nicht begehren deines Nächsten Haus. Du sollst nicht begehren deines Nächsten Weib, Knecht, Magd, Rind, Esel, noch alles, was dein Nächster hat« (2. Mose 20,17).

Unser Verständnis von Familie als eng umgrenzte Lebensgemeinschaft aus Eltern und Kindern (sowie vielleicht noch weiteren Verwandten) hat sich im Grunde erst seit dem 19. Jahrhundert entwickelt. Das bürgerliche Bild der europäischen Kleinfamilie ist letztlich erst spät entstanden und längst schon wieder in der Auflösung begriffen. Unterschiedlichste Familienformen sind heute vorhanden und fordern (Gleich)Berechtigung. Es ist gar nicht so einfach, in all diesen Fragen einen Standpunkt zu gewinnen, der Menschen in der Vielfalt der heutigen Beziehungsverhältnisse ernst nimmt, sie nicht ausgrenzt und dennoch festhält an Gottes guten und heilsamen Lebensordnungen.

Bei allen Wandlungen und Veränderungen bleibt die Familie eine auch durch das Grundgesetz geschützte und für den Bestand unseres Gemeinwesens elementar wichtige Institution. Wir tun gut daran, nicht einfach deren Verfall

zu beklagen, sondern stattdessen gesellschaftliche Veränderungen aufmerksam, kompetent, kritisch zu begleiten
und mitzugestalten. Noch viel wichtiger ist aber, dass wir
»Familie« durch positive Beispiele, belastbare Praxis,
durch liebevolle Ehrlichkeit und Klarheit in unseren Häu-
sern und Gemeinden ansteckend leben.

Zittern in den Knien

Da fragt mich meine Tochter nach fast 25 Jahren Ehe, ob es denn ab und zu noch »zittert in den Knien«, wenn ich an meine Frau denke. Sie will wissen, wie sich unsere Liebe mit der Zeit verändert hat. Und ich muss zugeben: Wahrscheinlich ist es häufiger meine Stimme, die während eines Streites zittert, als meine Knie vor Liebe.

Während ich meiner Tochter dieses nüchterne Geständnis möglichst schonend beibringe, wird mir klar, dass das höchstens die halbe Wahrheit ist. Denn meine Knie zittern, wenn ich daran denke, wie mein Leben verlaufen wäre, wenn ich »sie« nicht getroffen hätte, wenn uns nicht unsere Kinder geschenkt worden wären, wenn wir so vieles nicht gemeinsam durchlebt und durchlitten hätten. Meine Knie zittern bei der Vorstellung, wir müssten ohne einander leben. Es zittert anders, aber für mich wert-voll anders. Was bin ich dankbar für das Wunder, das Geschenk der Liebe!

Eigen-artig

Es war am Ende einer Konfirmandenfreizeit. Als die anderen schon gegangen waren, saß Natascha immer noch da. Traurig schaute sie mich an – nur zu verständlich, denn die letzten Tage waren hart für sie gewesen. Als junge Aussiedlerin, gerade erst seit zwei Jahren in unserer Stadt, war sie in allem ein wenig anders als die anderen. Konfizeiten waren für Natascha eine Herausforderung und manchmal – trotz aller Fürsorge – leider auch ein Spießrutenlauf. »Ich wollte, ich wäre wie alle anderen!«, brach es aus ihr heraus.

Wir sprachen noch oft und lange über mögliche Veränderungen, aber auch darüber, wie wichtig es ist, man selbst zu sein. Ich ermutigte Natascha, ihren eigenen Weg zu gehen, »eigen-artig« zu bleiben, auch deshalb, weil Gott uns als Originale und nicht als Kopien geschaffen hat. Natascha gab nicht auf und fand »ihren« Weg zu sich, zu ihren Mitkonfirmanden und zu Gott. Ihr Konfirmationsvers? »Du, Gott, tust mir kund den Weg zum Leben« (siehe Psalm 16,11).

Schraube locker?

War bei Ihnen schon mal eine Schraube locker? Wir wissen, das kann ungeahnte Folgen haben ... Oft nur ein kleines Ding, hat es aber manchmal eine Riesenwirkung! Denken Sie nur an so manchen Unfall in der Formel 1 oder an ICE-Türen, die während der Fahrt einfach so verschwinden ...

Wenn Schrauben locker sind, fallen Teile, die zusammengehören, leicht auseinander. Und sprichwörtlich bezeichnen wir so auch Zeitgenossen, die uns ein wenig »ver-rückt« vorkommen. In und um uns ist so einiges am »auseinanderfallen«: Sinnfragen und Lebensentwürfe, aber auch Generationen, soziale Milieus, Berufsbilder und ethnische Gruppen.

Logisch, die eine »Megaschraube« gibt es nicht, aber jede Schraube, die wir brauchen, wird etwas mit »Achtung« zu tun haben: Gott und unsere Nächsten zu achten und zu beachten, anstatt sie zu verachten. Wir alle können schon mal anfangen mit dem Festschrauben.

* *

Vor-Sicht ebnet den Weg zur Rück-Sicht.

* *

Siegertypen

Na, an welche olympischen Sieger erinnern Sie sich noch? Wir vergessen schnell und Siege von gestern zählen höchstens noch im Medaillenspiegel.

Gerade sportliche Erfolge lassen sich kaum über eine längere Zeit konservieren oder verallgemeinern. Anders etwa der »Sieg über eine Krankheit«, weil endlich eine heilende Therapie entdeckt worden ist. Das vergessen wir Menschen weniger schnell. Wirklich wichtig bleiben mir jedoch die Siege, die mich selbst unbedingt angehen. Vielleicht ist das der Grund, warum Menschen seit 2000 Jahren den Namen »Jesus Christus« nicht vergessen haben. Von ihm heißt es, er habe den Tod besiegt, und zwar so, dass dieser Sieg für alle gilt, die ihm vertrauen. Seitdem siegt das Leben – oft gegen den Schein. Und während ich dies schreibe, flattert ein Schmetterling, der den Raupentod sterben musste, um Schmetterling zu werden, durch meine geöffnete Balkontür in mein Zimmer: Jesus Christus – den Namen sollten Sie sich auf alle Fälle merken.

Von innen Trost finden

Sie hat sich verweigert. Nein, sie wollte nicht »normal« werden, nachdem ihr Kind vor über einem Jahr verstorben war. Sie hat sich verweigert und immer weiter getrauert, tief in sich vergraben.

Heute ist es anders. Sie hat den Weg ins Leben neu gefunden, und auch wenn ihre Augen voll bleibender Fragen und Schmerzen sind, ist da ein Leuchten zurückgekehrt.

Was ihr geholfen hat? Die Freunde, die einen langen, langen Atem an ihrer Seite hatten; die Erkenntnis, dass ihre Tochter nie und nimmer gewollt hätte, dass sie ihr kostbares Leben so verglimmen lässt; und der wachsende Glaube, dass Gott nicht gegen, sondern für sie ist, mit ihr leidet und sie hält. »Ich musste mein Bild von Gott auch begraben«, so sagt sie heute. »Das Bild ist weg, aber der liebende und tröstende Gott ist da!«

»Einfach himmlisch!« – was schießt Ihnen zuallererst durch den Kopf, wenn Sie diesen Ausruf hören?

Eine Werbung, ein dankbarer Gedanke an Gott, die Farbe Blau, das himmlische Jerusalem, ein Buchtitel, eine Radiosendung oder etwas ganz anderes?

Ich gebe zu, bei mir kommt es auch auf die jeweilige Stimmungslage und die Umstände an, aber mit zu meinen ersten Assoziationen gehört meist eine Zeile aus Heinrich Heines Wintermärchen:

»Ja, Zuckererbsen für jedermann,
sobald die Schoten platzen.
Den Himmel überlassen wir
den Engeln und den Spatzen!«

Mich beeindruckt bis heute die Sprachgewalt und die Leidenschaft, mit der Heinrich Heine, ganz im Duktus eines marxistischen Religionsverständnisses, das Reden vom Himmel als Vertröstung des Volkes, als Ausbeutung der Armen beklagt: »Wir wollen hier auf Erden schon das Himmelreich errichten. Wir wollen auf Erden glücklich sein und nicht mehr darben …«

Wir können diesem Grundgedanken, der ja bis heute auf ganz unterschiedliche Weise auftaucht, begeistert zustimmen oder ihn als »gottlose Pöbelei« beiseiteschieben. Aber wir können uns auch fragen lassen, wie »um Himmels willen« es jemals zu einem derartigen Vorwurf kommen konnte.

Ja, ich glaube, dass Religion missbraucht werden kann, um Unrecht zu rechtfertigen, und ich bin fest davon überzeugt, dass Trost etwas ganz, ganz anderes ist als billiges

»Ver-trösten«. Manchmal – und das mit klarem theologischen Recht – ist Himmel ja das ganz andere: eben nicht Erde, nicht vergänglich, ohne Leid und Tränen. Aber zugleich glauben wir Christen doch an einen Gott, der – in der Sprache des Johannesevangeliums – als fleischgewordenes Wort unter uns wohnte. »Himmel auf Erden« also!

Alle Fantasien, dass wir Menschen Gott nicht brauchen und auf Erden schon mal selbst das Himmelreich errichten, sind in der Geschichte genauso grausam gescheitert wie alle schwärmerischen Versuche, im Auftrag Gottes hier ein Gottesreich zu bauen. Nein, Erde ist Erde, Himmel ist Himmel, Mensch ist Mensch und Gott ist Gott!

Aber weil Gott Mensch wurde, weil Gott durch seinen Geist in seinen Kindern lebt, haben wir eine wirklich begründete Hoffnung, dass Gott einen neuen Himmel und eine neue Erde schaffen wird. Und wir haben schon heute einen begründeten Auftrag mit diesem Zukunftsgeschmack auf den Lippen, mit seinem Geist und in seinem Auftrag etwas sichtbar werden zu lassen vom Reich Gottes, das immer schon da ist, wo Jesus selbst gegenwärtig ist.

»Einfach himmlisch?« Himmlisch ist nicht einfach, aber in ganz persönlichen Fragen wie in den großen Weltproblemen gilt: Himmel und Erde berühren sich – immer wieder!

Erlaubnis zum Urlaub

Urlaub – lange ersehnt. Endlich bin ich angekommen und die Vorfreude verwandelt sich in Freude.

Von wegen! Wenn das so einfach wäre! Als wären ein entspannter Lebensrhythmus und ein erholungsträchtiger Ort die Urlaubsgarantie schlechthin. Dabei habe ich mich selbst ja mitgenommen in diesen Urlaub – meine Sorgen, meine Stimmungen, meine Angespanntheit. Oftmals viel zu hoch gesteckte Erwartungen, als könnten Äußerlichkeiten kurieren, was in mir nach Frieden, Ruhe, Heilung sucht.

Es lohnt sich, darüber nachzudenken, dass »Urlaub« von »Erlaubnis« kommt – nämlich der Erlaubnis, vom Arbeitsplatz fernzubleiben. Aber erlaube ich mir selbst, meinen inneren Frieden, meine Gelassenheit zu finden? Mir hilft zum richtigen Urlaub, wenn ich nicht vor mir davonlaufe, wenn ich mich aushalte und im Gebet mit Gott und guten Gesprächen mit Familie und Freunden neu mein Gleichgewicht finde.

* *

Ich kann das Heute kaum erwarten.

* *

Mach's wie immer!

Ohne den abendlichen Einschlafkuss meiner Frau würde mir definitiv etwas fehlen und auch mit meinem fast fünfzehnjährigen Sohn hat sich in den letzten Monaten ein Abendritual entwickelt, auf das wir nicht mehr verzichten wollen. Unsere Sommerurlaube am vertrauten Ort beginnen stets auf die gleiche Weise und bei manchen meiner Freunde vollzieht sich fast immer ein vertrautes Begrüßungs- und Gesprächsritual.

Was wohl jede und jeder aus dem persönlichen Umfeld kennt, wiederholt sich auch im gesellschaftlichen Miteinander: Jahresfeste wie Weihnachten oder Fasching werden auf eine bestimmte Weise gefeiert; in Katastrophensituationen werden öffentliche Orte schnell zu Gedenkstätten, an denen Blumen, Karten und Kerzen die persönliche Anteilnahme signalisieren.

Es ist offensichtlich und unmöglich zu leugnen: Menschen entwickeln und brauchen Rituale als wiederkehrende Handlungen mit einem über sich hinaus weisenden Symbolgehalt. Rituale sind kulturell unterschiedlich, wichtig für die eigene Identität und die Beziehung zu anderen, schaffen Sicherheit, geben dem Leben einen Rhythmus und werden besonders in Übergangssituationen und existenziellen Erfahrungen gesucht und als hilfreich empfunden.

Die Zeit, in der Rituale als hohl, muffig und verlogen angeprangert wurden und ein schlechtes gesellschaftliches Image hatten, ist wohl eher vorüber, doch hilft sie uns dabei, die Gefahr der »Ritualisierung« nicht aus den Augen zu verlieren. Wenn hinter einem Ritual nichts mehr steckt, stößt es auf Skepsis und Ablehnung, bevor es sich letztendlich auflöst.

Gerade die Welt der Religionen ist voller Rituale. Unser christlicher Glaube macht da keinen Unterschied. Es ist sinnvoll, über die lebens- und glaubensdienliche Funktion der Rituale einmal nachzudenken, sie aufzuspüren, bewusst zu begründen – oder auch aufzugeben und neue zu beginnen.

Da ist Musik drin!

Zugegeben: Viele sprichwörtliche Redewendungen sind erst dadurch zu solchen geworden, dass sie bekannte Wahrheiten prägnant zusammenfassen. Aber längst nicht alles, was sprichwörtlich geworden ist, ist deshalb auch richtig:

»Wo man singt, da lass dich nieder, böse Menschen haben keine Lieder« – wirklich? Das ist falsch, so grottenfalsch, dass es wehtut. Auch böse Menschen haben Lieder – das lässt sich an der Bedeutung von Musik in Diktaturen ebenso studieren wie an der menschen- und gottverachtenden Verbindung von Melodien und Texten, wie sie vor allem in extremistischen Milieus zu beobachten ist.

Und genau deshalb, weil Musik eben nicht »an sich schon« gut sein kann, ist es bleibend wichtig, sich mit der Rolle von Musik in unserer Gesellschaft, im Leben von Menschen, in Gemeinden und Gemeinschaften zu befassen.

Nach der repräsentativen JIM-Studie 2010 (»Jugend – Information – Multimedia«) des Medienpädagogischen Forschungsverbundes Südwest ist Musikhören für über 90 Prozent der Jugendlichen zwischen 12 und 19 Jahren, vollkommen unabhängig vom Geschlecht, die wichtigste Medienbeschäftigung. Musik dient zur Identitätsfindung, zur Abgrenzung und spielt eine ganz wesentliche Rolle bei der Kompensation von Gefühlen. Diese Spitzenstellung relativiert sich bei Erwachsenen etwas, dennoch ist Musik – auch durch die vielfältigen technischen Möglichkeiten – ein ganz essenzielles Medium unserer Zeit.

Und was passiert, wenn »wir Musikmenschen« nun Glaube und Musik verbinden? Was ereignet sich da zum Beispiel in unseren Kirchengemeinden? Welche Rolle spielt die Musik und worauf wäre dabei besonders zu achten?

Für mich ist auffallend, an wie vielen Stellen in den biblischen Schriften gesungen und musiziert wird. Die Ausblicke, welche die Bibel uns etwa in der Offenbarung (Offenbarung 4,9ff; 14,3ff; 19,1ff) in Gottes neue Welt des ewigen Lebens schenkt, zeigen, dass Musik und Gesang sogar eine ewige Bedeutung haben. Da kann es nicht nebensächlich sein, darüber immer wieder einmal nachzudenken. Und auch wenn Sie sich vielleicht nicht entscheiden können, ob im Himmel nun Bach, Mozart, Heino, Genesis, Justin Bieber, Nickelback oder was auch immer erklingen wird, werden wir vielleicht etwas bewusster mit Musik und ihren Auswirkungen umgehen.

* *

Haben Sie Gott schon Ihre Stimme gegeben?

* *

Heute schon gefreut?

»Ich freue mich«, mehr sagte sie nicht. Aber das genügte. Ich wusste, mein Besuch ist willkommen. »Ich freue mich auch«, antwortete ich und fuhr fröhlich los zu ihr.

So ist das mit der Freude. Wir können sie nicht machen, nicht zwanghaft herstellen, oft kommt sie einfach. Ausgelöst durch gute Ereignisse, durch Menschen, durch Stimmungen, durch Empfindungen und Gedanken tief in uns und aus uns heraus.

Freude ist deshalb auch mehr als Fröhlichkeit und äußerliches Lächeln. Freude ist kostbar und sie ist wahrlich nicht selbstverständlich. Angefochten, umkämpft, unterdrückt, begraben kann sie in unserem Leben sein.

Christenmenschen haben eine ganz besondere Beziehung zur Freude. In der Bibel wird uns »allezeit Freude« quasi verordnet (siehe Philipper 4,4), doch oft tun wir uns (gerade deshalb?) so schwer damit. Dabei sind die biblischen Freudenbefehle ja immer Re-Aktion. Welcher Fußballfan jubelt nicht, wenn seine Mannschaft das entscheidende Spiel gewinnt, welche Schülerin ist nicht voller Freude über das gelungene Abitur, welcher Kranke freut sich nicht »königlich« über die ersten selbstständigen Schritte aus dem Bett heraus?

Die Freude des Glaubens freut sich an Gottes Taten, an Gottes Liebe, an Gottes Worten. Vielleicht hat der oft so angefochtene und depressive Martin Luther die Freude deshalb als »Doktorhut des Glaubens« bezeichnet, weil es eben eine hohe Kunst ist, Gottes Handeln in den Niederungen unseres Alltages als so prägend und bedeutend zu empfinden, dass wir nicht aufgesetzt, sondern von innen heraus sagen können: »Ich freue mich« – trotz und in allen Umständen. Nicht »Freude um jeden Preis«, aber »Freude zu seinem Preis«, weil Gott in Christus den Preis des Lebens und Leidens bezahlt hat. Das meinte Johann Franck, als er unübertrefflich dichtete: »Weicht ihr Trauergeister, denn mein Freudenmeister Christus tritt herfür ...«

Ich will mich nicht zwanghaft freuen müssen, aber ich wünsche mir eine innere Gestimmtheit, die aus der bleibenden Freude an Gott genährt und immer neu entzündet wird. Christus, der Freudenmeister, kann Freudenmenschen aus uns machen!

* * * * * * * * * * * * * * * * * * * *

Ich ent-werfe mich, weil Gott mich hält.

* *

(Ganz) unten durch

Wenn redensartlich bei uns jemand »unten durch« ist, dann ist alles Vertrauen verspielt, die Beziehung zerstört. Wenn aber jemand »ganz unten durch« musste, dann schwingt schon eher wieder Bewunderung mit. Derjenige hat es geschafft, war sich für nichts zu schade – allen Widerständen zum Trotz. Niemand will »ganz unten« sein, und dennoch ahnen wir zumindest, wie schnell das sozial, seelisch, gesellschaftlich passieren kann.

Ich glaube, dass sich die Qualität unseres persönlichen Lebens und unserer Gesellschaft daran entscheidet, dass niemand »unten durch« ist, sondern dass wir »ganz unten durch« gehen, damit Menschen nicht »ganz unten« bleiben. »Diakonie« kann in der griechischen Ursprungsbedeutung mit »durch den Staub hindurch« übersetzt werden, »ganz unten durch« eben. So hat Jesus gelebt – »ganz unten durch«, als Diener der Menschen. Unsere Gesellschaft braucht diesen ganz anderen Lebensstil des Dienens, anstatt des Herrschens – »ganz unten durch«, anstatt »darüber hinweg«. Sind wir dazu bereit?

Gedankenlos – sinnlos – lieblos?

»Die Liebe wird in vielen erkalten« – so beschreibt Jesus im Matthäusevangelium (Matthäus 24,12) den zunehmenden Egoismus, die Gedankenlosigkeit und Unwissenheit der Menschen im Umgang miteinander. Ich will hier allerdings keine Gesellschaftsschelte nach dem Motto »Früher war alles besser!« betreiben, sondern Sie an konkreten Beobachtungen im Umgang mit dem Tod und Trauernden teilhaben lassen, die mich zunehmend ratlos machen:

Als Pfarrer bin ich ja häufig auf dem Friedhof unterwegs und bin dankbar für die vielen, oft älteren Personen, die mit ihrer Gräberpflege das Andenken ihnen lieber Menschen bewahren wollen. Was ich aber nicht verstehen kann, sind die vermehrt gedankenlosen oder unsicheren, vielleicht aber auch lieblosen Reaktionen auf einen Trauerzug: Früher sind Menschen beim Anblick eines Sarges und trauernder Menschen andächtig stehen geblieben, sie unterbrachen ihre Arbeit an den Gräbern, sprachen vielleicht im Stillen ein Gebet oder ließen sich doch zumindest an die eigene Vergänglichkeit erinnern. In den letzten Jahren erlebe ich jedoch zunehmend, dass Menschen einfach weiterhasten, mit Getöse ihre Gießkannen mit Wasser füllen, kraftvoll ihre Rechen weiter durch den Kies oder das Laub ziehen, ja, vielleicht sogar schwatzend und lachend die Welt um sich vergessen.

Auch in den Trauerversammlungen selbst sind es nur noch wenige, die sich am Ende eines Gottesdienstes, wenn der oder die Verstorbene in Sarg oder Urne nach draußen getragen wird, aus Respekt und Ehrerbietung vor diesem letzten Weg von ihren Plätzen erheben. Und so manches

Mal unterscheiden sich die Gespräche auf dem Weg zur Grabstelle in Lautstärke, Form und Inhalt kaum vom Small Talk beim Einkaufen oder Spazierengehen.

Ich will mit diesen Anmerkungen wirklich nicht verletzen oder verurteilen, aber offen fragen: Ist es gut, dass wir so viele traditionsbedingte Benimmregeln als vermeintlich leer und nichtssagend einfach über Bord geworfen haben und deshalb vieles heute gar nicht mehr wissen und bemerken? Würden uns oft so zeitgeplagten Menschen Momente des Innehaltens, des Gebets angesichts des Todes oder trauernder Menschen nicht guttun? Wären nicht bewusstes Schweigen, sich Erinnern und Sammeln manchmal wertvoller als belanglose Gespräche? Wäre es nicht an der Zeit, die »Scham der Stille und der Fremdartigkeit des Todes« wieder auszuhalten? Ist vielleicht dadurch, dass fast jedes Verhalten heute gleich gültig sein soll, vieles gleichgültig geworden? Hat abnehmende Liebe nicht doch ihre Wurzeln im Vergessen, im »Gleichmachen«, in der Gedankenlosigkeit und im Beschränken auf die je eigene Welt?

Also, falls Sie demnächst einmal wieder auf einem Friedhof sind: Warum gehen Sie die Wege nicht bewusster und helfen so dabei mit, dass es nicht dunkler, kälter und liebloser unter uns Geschöpfen Gottes wird?

Wie die Kälte weicht

Es war einmal, da saß ein frierender Bettler vor den Toren unserer Stadt.

Vorbei kam ein Bürger mittleren Alters und sprach: »Also, das ist nun wirklich nicht nötig. Schließlich gibt es ja Sozialhilfe und auch Kleiderkammern! Wenn wir schon für dich aufkommen, dann stell dich nicht so an ...« Und die Dame an seiner Seite pflichtete ihm eilfertig bei: »Würde der etwas arbeiten, dann wäre ihm bestimmt nicht mehr kalt ...«

Eine ältere Frau, schwer beladen, nahm kurz darauf lieber einen Umweg in Kauf. Schließlich hat man so seine Erfahrungen und meist lauern hinter so einem Bettler ganze Horden von Gewalttätigen, die nur auf eine leichte Beute warten. »Heutzutage sind die Gutmütigen die Dummen«, murmelte sie wie zur Selbstbestätigung vor sich hin.

Die Teenager, wie immer auf dem Weg nach Nirgendwo, beachteten die armselige Gestalt kaum. Ein Mädchen, das leise und verstohlen den Bettler mit mitleidigem Blick streifte, brachte die spitze Bemerkung des »Cliquenhäuptlings«, dass das da drüben wohl »ihr Alter« sei, schnell wieder zurück in die coole Welt der eigenen Träume.

Natürlich gab es diejenigen, die es sich nicht verkneifen konnten, dem »alten Säufer« die Polizei auf den Hals zu schicken, die Eltern, die ihre verstört dreinblickenden Kinder schon einmal vorsorglich drohend vor einer solchen Lebensentwicklung warnten, und die wohlmeinenden Zeitgenossen, die den frierenden Mann mit guten und dennoch billigen »Rat-schlägen« auf längst geschlossene Ladengalerien, auf Pfarrhäuser oder Ämter hinwiesen ...

Der alte Mann fror weiter, bis, ja bis da einer war, der ihn einfach so befreite aus dem Gefängnis der Besserwisserei, der Wut, des Ekels, der Hartherzigkeit, der Ignoranz, der schlechten Erfahrungen, der Ausreden und Vertröstungen. Einfach so – es genügten ein Herz, ein Stück Brot und eine Hand. So einfach?

Ein Tropfen auf den heißen Stein

Oh, was könnten wir stöhnen und jammern: »Die Welt ist so schlecht, es gibt so viel Leid, die Menschen sind so egoistisch, alles ist so teuer und das Wetter ist auch noch mies.« Und dann fühlen wir uns ohnmächtig und klein angesichts all der Nöte und Herausforderungen, die uns selbst oder unsere Gesellschaft betreffen.

Jeder Einsatz wäre eh nur ein Tropfen auf den heißen Stein. Also ab ins eigene Schneckenhaus, sich nicht mehr einmischen und den lieben Gott einen guten Mann sein lassen.

Aber Rückzug ist Unfug, denn: »Ein Tropfen auf den heißen Stein kann der Anfang eines Regens sein!«

Einer meiner Freunde lebte ein Leben lang nach diesem Motto. Voller Gottvertrauen hat er es Tag für Tag tröpfeln lassen. Nicht immer regnete es danach, aber oft genug haben andere sich anstecken lassen und aus den Klagen wurden Mut und Hoffnung.

Haben Sie heute schon getropft?

* *

Heute will ich statt einer dicken mal eine
dankbare Lippe riskieren.

* *

Dem Sonntag eine Seele geben

»Warum tun Sie das?«, fuhr mich der ansonsten eher zurückhaltend auftretende Inhaber eines örtlichen Modege-
schäftes erbost an. »Wenn Sie möchten, dass Menschen
nicht arbeitslos werden, müssen Sie Ihren Widerstand gegen die Sonntagsöffnung der Läden in unserer Stadt endlich aufgeben!«

Was so zornig und ultimativ klang, wurde bald zum
Ausgangspunkt eines offenen und ehrlichen Gesprächs.
Anstatt ergebnislos sich widersprechende Statistiken zu
zitieren, die belegen oder bestreiten, dass Sonntagsöffnun-
gen von Läden neue Arbeitsplätze schaffen, waren wir uns
schnell einig, wie wichtig Arbeit für Menschen ist, dass
sie zugleich aber mehr sind als Arbeitsbienen und nicht
reduziert werden dürfen auf ihre Arbeitskraft. Hilft es uns
wirklich, wenn wir den sogenannten »wirtschaftlichen
Zwängen« alles andere unterordnen?

Wenn wir nicht möchten, dass unsere Gesellschaft dem
Goldenen Kalb des schrankenlosen Materialismus das Geschenk von Alltagen und Festtagen opfert, dann kommt
es aber auch darauf an, dass wir als Christen den Sonntag
ganz bewusst leben und feiern: »Gott hat unseren Seelen
einen Sonntag gegeben, nun kommt es darauf an, dass
wir den Sonntagen eine Seele geben!«, konnte ich zum
Schluss noch weitergeben.

Wer die Wahl hat ...

In schöner Regelmäßigkeit werden in unserem Land »Wahlschlachten« geschlagen und wir betrachten mit ganz unterschiedlichen Gefühlen, was so überall des »Volkes Wille« war und ist.

Mir liegt es fern, den Wählerwillen zu kommentieren oder ins allgemeine Klagelied der Politikverdrossenheit einzustimmen. Aber erinnern will ich, erinnern an die ersten Worte der Präambel unseres Grundgesetzes: »Im Bewusstsein seiner Verantwortung vor Gott und den Menschen ... hat das deutsche Volk ...«

Damit ist ganz Wesentliches gesagt: Politik, das Miteinander von Menschen, lebt vom Bewusstsein: »Ich bin verantwortlich!« – als Bürger genauso wie als Politiker.

Ich behaupte, dass die Bereitschaft, sich verantwortlich vor den Menschen zu verhalten, in demselben Maße abnimmt, wie wir als Gesellschaft unsere Verantwortung vor Gott bestreiten und meinen, wir könnten ohne ihn im Vollsinn des Wortes »Menschen« sein. Wenn Jesus sagte: »Gib Gott, was Gott gehört« (Matthäus 22,21), dann meinte er damit: »Gib Gott dein Herz«, »Lass Gott Gott sein, damit du Mensch Mensch sein kannst.«

Ja, für mich ist die erkennbare Krise unserer Gesellschaft und der westlichen Demokratien insgesamt auch (!) eine Glaubenskrise. Wer sich nur noch vor sich selbst und seinesgleichen verantwortet, dem fehlt der letzte Maßstab für sein Leben und Handeln. Vielleicht hat es ja doch einen tiefen Sinn, dass Wahltage meist auch Sonntage sind?

Laufen lassen

Es »läuft« so einiges in unserer Gesellschaft – Ernstes und Vergnügliches: die große Politik, die gesellschaftlichen Fragen in unseren Kommunen ... Es läuft so. Aber bei all dem, was läuft oder auch nicht läuft, bleibt doch die Frage: Wohin laufen wir selbst eigentlich im Lauf der Welt? Sollen wir's einfach so laufen lassen, weil eh alle Wege gleich gültig sind?

Laufen wir vielleicht die ersten vierzig Lebensjahre mit unserer Gesundheit dem Geld hinterher, um dann die nächsten vierzig Jahre mit unserem Geld der Gesundheit nachzujagen?

In den biblischen Psalmen findet sich oft eine andere »Laufmasche«: Die Beter haben sich entschieden, dass ihre Laufbahn von den Geboten Gottes markiert werden soll, von dem, was der Erfinder des Lebens zum Leben zu sagen hat: »Ich laufe fröhlich den Weg deiner Gebote, denn du tröstest mein Herz!« (Psalm 119,32).

Nicht zögerlich, zweifelnd und lustlos, nicht verbissen oder sauertöpfisch ist so ein Psalmist unterwegs – er »läuft« kraftvoll und fröhlich.

So unverschämt gerne Gottes Wegweisern folgen, so lauffreudig in Sachen Gebote sein kann nur, wer seine eigene Geschichte hat mit diesem Gott: Gottes liebevolle Zuwendung, die immer neue Erfahrung, dass nicht verlassen ist, wer sich auf Gott verlässt, ist der Herzschrittmacher, der Menschen zum Leben nach Gottes Geboten Beine macht. Vermeintlich altmodische Gebrauchsanweisungen fürs Leben entpuppen sich »laufend« als richtungsweisende Begegnungen mit dem lebendigen Gott.

Bei all dem, was bei uns persönlich und in unserem Gemeinwesen so läuft oder eben auch nicht läuft, ist es gut, wenn wir Gottes Gebote im Herzen und dann auch in den Beinen haben. Von Gott getröstet läuft es (sich) anders bei all den ernsten Fragen und Problemen, die unsere politischen Verantwortungsträger, aber auch uns als Gesellschaft und als Einzelne fordern.

Teil 2

Gott FESTE feiern

Man muss die Feste feiern,
wie sie fallen …

Es hat lange gedauert, bis endlich ein Schüler meiner fünften Hauptschulklasse auf die Frage, wann denn Jesus gelebt habe, mit »Oh, bin ich bescheuert! Vor 2000 Jahren natürlich!« antwortete. Nicht unbedingt ein mutmachender Beitrag zur Bildungsdiskussion um Pisa, werden Sie jetzt vielleicht denken, aber darum geht es mir nicht. Nur noch selten wird uns doch bewusst, dass unsere Zeitrechnung, dass die Anzahl der Wochentage und die Jahreszählung ihren Ursprung im christlichen Glauben haben: 2014, das heißt etwa 2000 Jahre nach Christi Geburt leben wir. Wir schreiben zwar 2014, aber denken uns nichts mehr dabei …

Und so geht es uns nicht nur mit den Jahreszahlen. Die Zeit nach Ostern ist ja die Zeit der Feiertage: Himmelfahrt und Pfingsten, Fronleichnam, aber auch der »Tag der Arbeit« wären hier zu nennen. Wir sind dankbar für diesen zusätzlichen Freiraum und lassen uns Jahr für Jahr vorrechnen, mit wie wenig zusätzlichen Urlaubstagen ganze Ferienwochen zu gewinnen sind, aber der Sinn dieser »Feier-Tage« wird uns immer fremder. »Man muss die Feste feiern, wie sie fallen«, sagt ein altes Sprichwort, aber heißt das auch, feiern, ohne zu wissen, was da eigentlich fällt?

Mir geht es wirklich nicht darum, mit erhobenem Zeigefinger unsere vermeintlich unchristliche Gesellschaft anzuklagen – »Feier-Tage« kann man nicht befehlen! Aber da, wo es etwas zu feiern gibt, weil das eigene Herz voll ist, weil man etwas verstanden hat vom Sinn dieses Festes, da kommt die bewusste Feiertagsstimmung fast von alleine. Es kann doch nicht sein, dass in einer Gesellschaft, in der wir die Einzigartigkeit und Unterschiedlichkeit jedes einzelnen Menschen so betonen, über Feiertagen lediglich das Etikett »frei« steht. Jeder Sonntag, jeder einzelne Feiertag eines Jahres hat sein eigenes Gesicht, seine unverwechselbare Aussage und Bedeutung.

Vielleicht machen Sie sich einfach einmal auf die Suche. Auf unserem blauen Planeten sind ja keine fernen Kontinente mehr zu entdecken und – Gott sei Dank – auch keine fremden Länder mehr zu erobern, aber den Sinn des Feierns, der »Frei-zeit« an den Feiertagen wiederzuentdecken, das wäre eine lohnenswerte Aufgabe. Sie werden dabei merken, wie sehr der christliche Glaube unsere Tage und Jahre prägt. Wir leben, häufig unbewusst, mit diesem »Draht nach oben«, dieser Erinnerung, dass wir Menschen letztlich nicht aus uns selbst heraus leben können und leben sollen. Wem das nicht einleuchtet, der sei an die »fabel-hafte« Geschichte von der Spinne erinnert, die kunstfertig ihr Netz zwischen den Ästen spann. Sie war so versunken in ihre Arbeit und ihre eigene Leistung, dass sie am Ende nicht mehr wusste, wozu dieser eine Faden nach oben, mit dem sie sich abgeseilt und von dem aus sie ihr Kunstwerk begonnen hatte, nun eigentlich noch nötig war. Kurz entschlossen biss sie »den Störenfried« ab – und im selben Moment fiel ihr Netz in sich zusammen …

Advent:
irgendwie merkwürdig

Irgendwie ist das für Kinder merkwürdig mit dem Advent. Das Wort bedeutet »Ankunft«, aber es kommt ja gar keiner. Ein wenig ist es wie auf deutschen Bahnsteigen, wo sich die Ankunftszeiten der Züge, gerade in der winterlichen Zeit, so manches Mal ungeheuerlich verschieben. Und dann lernen sie mit der Zeit, dass unsere Adventssonntage so etwas Ähnliches wie Startkommandos vor einem großen Rennen sind. »Achtung, bald ist es so weit – dann, dann kommt einer!«

Irgendwie ist das für Kinder merkwürdig mit dem Advent. Kaum haben sie das mit der gesteigerten Spannung verstanden, da wird ihnen beigebracht, dass an Weihnachten auch keiner kommt. Höchstens die Großeltern kommen – und hoffentlich mit vielen Geschenken. Von dem, dessentwegen wir alle Weihnachten feiern, heißt es jetzt: »Schon da gewesen«, und pardauz wird aus der Vorfreude eine Nachfreude.

Irgendwie ist das für Erwachsene merkwürdig mit dem Advent. Kaum haben sie das mit der Nachfreude verstanden, da fällt ihnen auf, dass die biblischen Texte der Adventssonntage so ganz und gar nicht »rückblickend« klingen. Vom kommenden König (Matthäus 21,1-9), vom Warten auf die Erlösung (Lukas 21,25-33), von Wegbereitung (Lukas 3,1-14) und wachsender Vorfreude (Philipper 4,4-7) ist da etwa die Rede.

Und plötzlich, manchmal unversehens und überraschend, begreift, wer es begreifen will, dass da einer schon mal da war und unbedingt wiederkommen möchte. Sein erstes Kommen ist wie ein Versprechen, dass er zurückkehren wird. Gott ist noch nicht fertig mit seiner Schöpfung. Er war da, ganz klein und übersehbar und doch mit Folgen für die ganze Welt. Er kommt wieder – groß und unübersehbar und mit Folgen für die ganze Welt.

Irgendwie ist das merkwürdig mit dem Advent. Nur wenn ich mich freue über das Kind in der Krippe, in dem Gott uns voller Liebe nahekommt, kann ich erwartungsvoll seine zweite Ankunft erwarten. Gott kommt ja nicht als Fremder – es lohnt sich, wirklich auf ihn zu warten.

Nikolaustag:
mehr als Süßes im Strumpf

»Lasst uns froh und munter sein … Bald ist Nikolaus-abend da« – so lautet ein altes Lied und vor allem Kinder freuen sich am anderen Morgen über kleine Geschenke in Schuhen oder auf Tellern. Wir verdanken diesen seit Jahr-hunderten lebendigen Brauch Nikolaus, dem Bischof von Myra. (Myra liegt südwestlich von Antalya in der heutigen Türkei.) Wir wissen nur wenig über ihn, aber er gilt als ein Christ, der Anfang des 4. Jahrhunderts seinen ganzen Besitz an die Armen verteilte und seinen Einfluss nutzte, um hilflosen Menschen bedingungslos zur Seite zu stehen. Viele wunderbare Heiligengeschichten ranken sich um diesen mutigen Mann, dessen Leben durch seinen Glauben eine hörbar andere Melodie erhielt. Als kitschiger Weih-nachtsmann ist Nikolaus eigentlich viel zu schade. Er will ansteckend sein, sodass wir unsere Schuhe nicht nur vor die Tür stellen, sondern uns diesen Schuh, diese Lebens-weise, selbst anziehen: Teilen, helfen, lieben hat Zukunft.

* *

Der größte Zauber beginnt oft mit einem Blick.

* *

Weihnachten:
Mach's wie Gott, werde Mensch!

»Mach's wie Gott, werde Mensch!« Ganz schön dick aufgetragen, dachte ich beim Betrachten dieses Autoaufklebers. Als ob wir nicht alle Menschen wären, trotz des Unmenschlichen in und um uns …

Und doch: Gott bleibt eben nicht mit weißem Rauschebart in seinem Wolkenkuckucksheim. In einem kleinen Kind mischt er sich ein, wird einer von uns! Bis heute sprechen Menschen von ihm und – glauben sogar an ihn! Viele sind überzeugt: Diese Welt wäre anders und besser, wenn wir Menschen so leben könnten, wie Jesus das tat.

Und genau da wird's interessant: Ich muss nun nicht kräftig die Ärmel hochkrempeln, um irgendwie menschlicher zu werden, sondern ich darf Gott um seine Hilfe bitten. Gemeinsam kann das mit dem Menschsein etwas werden – bei allen Rückschlägen und allem Versagen.

So gesehen ist die Weihnachtsbotschaft nicht nur ein sentimentales Stimmungserlebnis, sondern ein attraktives Programm fürs Leben.

Weihnachten: geschätzt!

Weihnachten ist das Fest des Schätzens: Augustus wollte einschätzen, wie viele in seinem Reich leben, Herodes schätzte ab, ob dieses Kind ihm gefährlich werden könnte, der Herbergswirt unterschätzte das ärmlich bekleidete Paar.

Damals wie heute leben wir in einer Welt des Schätzens. Werden überschätzt und unterschätzt, abschätzig betrachtet, wir verschätzen uns und wollen doch so gerne geschätzt werden.

Genau in diese Welt des Schätzens schickt Gott seinen Sohn. Die abschätzig betrachteten Hirten, das unterschätzte Mädchen Maria schätzt Gott als die richtigen Menschen für dieses Wunder ein. Und Gott ruft uns zu: »Ihr seid wertgeschätzt!« Gott schätzt uns so wert, dass diese Welt um keinen Preis gott-los sein darf. So wert, dass er ganz unten anfängt – keiner braucht sich abgelehnt oder unwürdig vorzukommen. An der Krippe ist Platz für alle – für die Überschätzten und Unterschätzten, die Geschätzten und Abgeschätzten.

Weihnachten:
was für eine Geschichte!

Warum ist die Weihnachtsgeschichte eigentlich die Weihnachtsgeschichte? Warum wissen, dem sinkenden Bildungspegel in unserem Land zum Trotz, die meisten Menschen immer noch, dass es dabei um Maria und Josef, um das Kind in der Krippe geht? Ich glaube, neben vielen anderen guten Gründen spielt dabei eine Rolle, dass in dieser einen Geschichte ganz viele zeitlose und zutiefst realistische Geschichten enthalten sind, die – damals wie heute – menschliche Herzen anrühren. Einige dieser zeitlosen Geschichten in der Geschichte will ich einmal nennen:

• Macht und Ohnmacht: Augustus zählt seine Untertanen so wie Dagobert Duck seine Dukaten. Menschen müssen sich, ob sie wollen oder nicht, in Bewegung setzen, quer durch das ganze Imperium Romanum. Und doch ist Augustus, der Mächtige, nur Teil von Gottes Plan und sorgt dafür, dass der verheißene Messias wirklich in Bethlehem zur Welt kommt, wie es vorausgesagt war. Der jüdische König Herodes kann nicht verhindern, dass die – im Volksmund »Heiligen Drei Könige« genannten – Weisen aus ganz anderen Völkern und Kulturen zu diesem Kind gelangen und es anbeten, und auch seine grausame Bluttat an allen männlichen Säuglingen verfehlt ihr Ziel. Ja, damals wie heute gibt es die Mächtigen und Ohnmächtigen, und doch ist es Gott alleine, vor dem sich alle zu verantworten haben und der seine Macht behält in Zeit und Ewigkeit.

- Alle sind gleich: Keine Königstochter, sondern ein ein-facher Teenager wird Mutter Jesu. Hochgebildete, ver-mögende und mächtige Menschen aus allen Nationen und Kulturen sind an der Krippe ebenso willkommen wie ungebildete, arme und verachtete Hirten. Damals wie heute ist dieses Kind für alle da und jeder ist ihm gleichermaßen willkommen.

- Wunder-bar: Jungfrauengeburt, seltene Sternkonstellati-onen, Engelerscheinungen – natürlich bringt die Weih-nachtsgeschichte das Weltbild vernünftiger Menschen ins Wanken, damals wie heute! Aber zugleich reizt das Übernatürliche und fasziniert die Seelen von Men-schen, die spüren, dass die Schlüssel der Wissenschaf-ten längst nicht jede Lebenstür aufschließen.

- Vertrauen: Es hilft nichts: Josef muss der unglaublichen Botschaft des Engels und den Beteuerungen seiner Ma-ria Vertrauen schenken, trotz des höhnischen Gelächters und all der derben Zoten, denen er und seine Verlobte wohl ausgesetzt waren. Es hilft nichts: Die Weisen wie auch die Hirten müssen vertrauen, dass dieses kleine, hilfsbedürftige Knäblein in der Krippe Gottes Helfer für alle Menschen ist. Es hilft nichts: Menschen aller Zeiten müssen vertrauen, dass Gott »auf leisen Sohlen« kommt und doch ganz da ist – ganz bei ihnen, ihrem Leben, ihrer Not. »Euch ist heute der Heiland geboren« (Lukas 2,11) – es hilft nichts, außer Vertrauen, weil *er* sonst nicht hilft.

- Happy End? Am Ende wird alles gut: Platz ist in der kleinsten Hütte, Jesus kommt gesund zur Welt, eine glückliche kleine Familie steht um die Krippe, Geld, Nahrung und Gratulanten sind auch genügend da und der böse Herodes hat im wahrsten Sinne des Wortes das »Nachsehen«. Wir freuen uns über Happy Ends, gerade weil wir wissen, dass die Wirklichkeit oft gar nicht »happy« ist. So weit – so gut. Und dann klingen uns die Ohren vom Wehgeschrei der Mütter, deren Söhne Herodes töten lässt, und ganz weit-sichtig können wir schon erkennen, dass die Krippe aus dem Holz des Kreuzes geschnitzt ist. Wie im richtigen Leben folgt auf jedes Happy End ein bitteres Erwachen und am Ende, am Ende hilft sonst nichts, außer Vertrauen, dass das nicht das Ende ist. Am Ende wird alles gut! Gewiss! Aber bis dahin hilft uns das Vertrauen, dass Gott nicht am Ende ist, wenn wir am Ende sind.

Und was ist Ihre Geschichte in der Weihnachtsgeschichte? Ich wünsche Ihnen, dass Sie Ihre Geschichte in der Weihnachtsgeschichte entdecken und dass diese Geschichte Teil Ihrer Lebensgeschichte wird, Sie froh macht, Ihnen Frieden schenkt, Sie ermutigt oder bewegt.

Denn dann, dann ist wirklich Weihnachten!

* *

Freundschaft ist die Auslese unserer Begegnungen.

* *

Weihnachten:
einfach abschaffen?

»Weihnachten abschaffen« – so lautet unverhohlen die Parole gestresster und geplagter Weihnachtsmuffel. Aber Vorsicht! Immer wenn auch ich die Weihnachtslichter am liebsten ausblasen würde, weil's mir mit all dem Rummel und all den Einkaufsorgien zu viel wird, steht mir mein erstes eigenes Auto vor Augen. Verkaufen wollte ich die alte Rostlaube nach vielen Kilometern und fast so vielen Beulen. Und dann, als mir beim Formulieren der Sperrmüllanzeige auf einmal all die kleinen Vorzüge meines Autos und so manche gemeinsam erlebten Abenteuer wieder einfielen, habe ich die alte Kiste doch lieber noch behalten. Mag ja sein, dass uns so manches in der Advents- und Weihnachtszeit auf die Nerven geht. Aber da ist doch auch vieles, was Mut und Hoffnung macht. Ein Gott, der sich auf den Weg zu den Menschen macht, Menschen, die sich auf den Weg zu diesem Kind begeben – Lebenswege, die sich kreuzen und verändern. »Ehre sei Gott und Friede auf Erden« – dieses antike Weihnachtsmotto hat von seiner Aussagekraft bis heute nichts verloren.

Also, nicht »Weihnachten abschaffen«, sondern sich distanzieren von allzu viel Geschäftigkeit und Rummel. Denn, wenn ich richtig darüber nachdenke, meine Welt wäre öder ohne diese besonderen Wochen und Tage.

Weihnachten:
nicht nur für Zebras

Hektisch geht es zu auf den Straßen der Stadt – besonders in der Weihnachtszeit. Und da stehen sie dann häufig, die Fußgänger, die sich kaum trauen, im schnell dahinfließenden Verkehr die Straße zu überqueren.

Aber was ist das? Da geht doch eine ältere Dame, mühsam und gebeugt, in aller Seelenruhe, ohne nach links oder rechts zu schauen, über die Straße. Lebensmüde? Nein – Zebrastreifengängerin! Zumindest in unseren Landen wissen wir: Hier haben Fußgänger immer und zu jeder Zeit Vorrang und Vor-gang. Und während ich da so ungehalten aufgehalten warte, bis ich weiterfahren kann, wird mir klar: *Das* ist Weihnachten. Wir feiern das Fest des gelungenen Übergangs:

Da Gott – oft fern, unverstehbar, fast unglaublich – und hier wir Menschen mit unseren Wünschen, oft auch ent-täuschten Träumen von Gott und der Welt. Und nun kommt Gott zu uns, baut im Kind in der Krippe einen sicheren Weg. Wer das Kind sieht, den heruntergekommenen Gott, wer ihm glaubt, seinen Worten vertraut, kommt bei Gott an. Allem Gegenverkehr zum Trotz. Gehen Sie doch mal rüber – an Weihnachten!

Weihnachten:
Krieg und Frieden

Wahrscheinlich bin ich nicht der Einzige, der bei »Krieg und Frieden« zuallererst an das monumentale Epos von Leo Tolstoi denkt. Eine Aussage dieses vielschichtigen Werkes ist sicherlich, dass diejenigen, die sich als Lenker der Weltgeschichte betrachten (wie etwa Napoleon), letztlich nur Erfüllungsgehilfen sind. Geschichte wird woanders gemacht.

Und das lenkt unseren Blick auf Weihnachten. Wir wissen, dass es zur Zeit der Geburt Jesu ganz und gar nicht friedlich zuging. Ein besetztes Land, eine erzwungene Volkszählung und das Schmerz-, Wut- und Trauergeschrei der Babys und ihrer Eltern, die den Säuglingsmorden des Herodes zum Opfer fielen. Nein, es war nicht friedlich. Damals nicht und heute nicht.

Selbst wenn uns ein friedvolles Weihnachtsfest geschenkt wird, auch in diesem Jahr werden Menschen Krieg und Gewalt, Entbehrung und Not in der Weihnachtszeit erleben. All das geschieht oft im Kontrast zur besonderen »Stimmung«, die sich im Advent in unseren Landen breitmacht. Mir liegt es nicht, unsere deutsche Weihnachtskultur zu verunglimpfen oder mich darüber lustig zu machen – in den weithin besinnlich, traditionell und familiär orientierten Weihnachtsfesten erkenne ich so etwas wie eine Sehnsucht nach dem Heilen und Ganzen. Und gerade auf diesem Hintergrund macht es Sinn, an Weihnachten »tief« zu graben, sich den Sinn dieses Festes in der Widersprüchlichkeit unserer Welt, in der

Spannung von Hass und Liebe, Krieg und Frieden zu erschließen.

Es mag unbequem sein, aber Teil unseres realen Lebens wird Weihnachten nur, wenn wir bei der segensreichen Weihnachtsidylle um »Stille Nacht, heilige Nacht« nicht stehen bleiben, sondern unsere Alltagswirklichkeit von dem Ereignis und der Botschaft dieses Festes durchdringen lassen. Wenn die Weihnachtsbotschaft dann dennoch und geradezu zum Trotz aufleuchtet und von ihrer umfassenden Glaubwürdigkeit nichts verloren hat, dann erleben wir herzenstief und hautnah, was zum tiefsten Sinn des Weihnachtsfestes gehört und von Leo Tolstoi so markant in »Krieg und Frieden« formuliert wurde: »Das Leben lieben, heißt Gott lieben.«

* *

Wer sich selbst zu wichtig nimmt, hätte öfter und länger unterm Weihnachtsbaum staunen sollen.

* *

Silvester:
wegen Inventur geschlossen

»Wegen Inventur geschlossen« – so lesen wir es um den Jahreswechsel herum an vielen Ladentüren. Und auch wenn im Zeitalter des Computers die Inventur viel von ihren Schrecken verloren hat, wird immer noch gerechnet und gezählt, addiert und verglichen.

Gilt die »Erfassung aller vorhandenen Bestände« eigentlich nur für Sachen? Wie ist das mit uns? »Inventur der eigenen Seele« – das wäre eine gute und verheißungsvolle Beschäftigung, gerade auch für den Altjahresabend. Die Gefahr ist groß, dass das Getöse von Sektkorken, Böllern und Raketen das »leise Hören nach innen« übertönt und wir ein neues Jahr mit Ängsten und Hoffnungen, mit guten Vorsätzen und Ideen eben doch nur »als ganz die Alten« begrüßen.

Mit Gottes Hilfe wage ich den Blick »nach innen« ebenso wie die Hoffnung auf das Neue: »Von guten Mächten treu und still umgeben, behütet und getröstet wunderbar, so will ich diese Tage mit euch leben und mit euch gehen in ein neues Jahr.« (Dietrich Bonhoeffer)

Jeder steile Zahn fängt mal klein an.

Epiphanias:
Weihnachten ist nicht vorüber!

Weihnachten ist nicht vorüber! Obwohl die Weihnachtsfeiertage und sogar der Jahreswechsel schon hinter uns liegen – Weihnachten ist nicht vorbei!

Daran erinnert uns Epiphanias, ein Fest, welches in vielen europäischen Ländern, auch in Baden-Württemberg und Bayern, immer noch ein Feiertag ist. Ja, was feiern wir denn? »Heilige Drei Könige«, auch »Erscheinungsfest« genannt, will uns dabei helfen, dass Weihnachten nicht folgenlos bleibt. Was bedeutet es für uns, dass die Liebe und Freundlichkeit Gottes in Jesus für alle Menschen erlebbar geworden ist? Der Tag ermutigt uns dazu, in unserer Suche nach Gott und dem Sinn des Lebens nicht zu verzweifeln.

Selbst arabischen Sterndeutern geht ein Licht auf, als sie das – etwa in babylonischen Keilschrifttafeln belegte – Zusammentreffen der Planeten Jupiter und Saturn im Sternbild der Fische entdecken und sich auf den Weg machen. Nichts ist ihnen zu weit, zu umständlich, zu ungewiss. Sie finden das göttliche Kind nicht im Königspalast, sondern in einem kümmerlichen Stall.

Das zeigt uns: Menschen, die Gott suchen, müssen bereit sein, sich auf den Weg zu machen und dabei auch ihre eigenen Götzen, ihre Vorstellungen, wie Gott zu sein und was Gott zu tun hat, loslassen. Nur dann kommen sie »wie die Jungfrau zum Kind«, entdecken unerwartet, dass Gott sie in diesem Kind bedingungslos annimmt und beschenkend und befreiend liebt.

An »Epiphanias« feiern wir, dass Gott sich ganz anders, als wir das erwarten, und doch für jeden auffindbar offenbart. An diesem Tag merken wir, dass Gott ganz viele, ganz unterschiedliche Wege hat, Menschen zum Glauben zu führen, und dass das Kind in der Krippe für alle Menschen aller Zeiten ein Licht aufgehen lässt.

Durch die Jahrhunderte ranken sich die Legenden um die geheimnisvollen Weisen aus dem Morgenland. Geschichten erzählen von der Bedeutung ihrer Gaben, die sie dem Gotteskind bringen, und von ihrer inneren Verwandlung, nachdem sie vom Stall wieder aufgebrochen sind. Und manchmal klingelt es in diesen Tagen an unseren Türen und »kleine Sterndeuter und Könige« stehen vor uns. Sie bringen keine Geschenke, sondern bitten mit Gedichten und Liedern um unsere Gaben für die Ärmsten dieser Welt. Da können und dürfen wir ein wenig von der erfahrenen Liebe und Freundlichkeit Gottes weitergeben und da wird uns über unseren Türen zugleich die im Laufe des neuen Jahres erfahrbare Nähe Gottes zugesprochen:

C.M.B 2015: nicht Caspar, Melchior und Balthasar, die legendären Namen der drei Weisen, sondern »**C**hristus **m**ansionem **b**enedicat« soll das heißen: Christus segne dieses Haus.

. . . .

Wichtiger als die Frage, wo ich mich befinde, ist manch-
mal die Antwort, wer bei mir ist.

. . . .

Aschermittwoch:
(Ge)Zeiten-Wechsel

Was für ein Wechsel: Gerade noch die närrischen Tage – »Helau und Alaaf«, Schunkelzeit und Polonaise, die fünfte Jahreszeit und Töne in Dur – und nun, wenn auch von vielen gar nicht bewusst wahrgenommen, schon wieder Aschermittwoch, Erinnerung an Jesu Leiden, »Sack und Asche« und Töne in Moll. Diese Erinnerung an Leiden und Sterben ist fast wie eine kalte Dusche, und auch, wer mit der Faschingszeit gar nicht viel anfangen kann, wird lieber lachen als weinen, sich lieber an Fröhliches erinnern, denn an Schmerzvolles ...

Trotzdem wird es mir Jahr für Jahr wichtiger, auch die »Aschenzeit« bewusst wahrzunehmen und anzunehmen, weil, ja weil das Leben nun eben so ist: Freude und Leid – beides gehört dazu und beides braucht deshalb auch Raum in unseren Gedanken und im Wechsel der Zeiten. Das klingt banal und selbst-verständlich, aber ist es das wirklich?

Ist uns in unserer Wohlstandsgesellschaft, in der wir allen Unkenrufen zum Trotz immer noch leben, eigentlich bewusst, dass wirklich beides, Freude und Leid, Glück und Unglück zum Leben gehört?

In meiner Arbeit begegne ich zunehmend Menschen, die Leben gleichsetzen mit Recht auf Glück, Freude und Spaß und die Leiden oder Unglück als vollkommen ungerechtfertigte Störung oder zumindest als unwillkommene und hoffentlich nur kurzfristige Unterbrechung ihres persönlichen Glückszustandes betrachten. Erfolg, Freude, Wohlergehen sind selbstverständlich – aber nie und nimmer ein Grund, an Gott zu denken oder ihm gar zu danken –, doch sobald Unglück oder Leid ihre hässlichen Fratzen zeigen, kommt gleich der Vorwurf, wieso Gott so etwas zulassen könne. Nicht selten erwächst daraus die nun gewonnene feste Gewissheit, dass man angesichts dieser eigenen Not an Gott ja nicht mehr glauben kann …

Ich behaupte, dass wir in unserer Gesellschaft das Glück selbstverständlich nehmen und deshalb mit Leid und Unglück nicht mehr zurechtkommen. Dabei ist, christlich gesehen, dieses Leben noch nicht das Ziel, kommt erst noch die von Gott versprochene neue Welt ohne Leid und Tränen. Aber weil wir alles jetzt und sofort wollen, verdrängen wir die Wirklichkeit des Leids, bauen uns unser kleines persönliches Paradies und verzweifeln dann oft an Gott und Menschen, sobald dieses Traumgebäude zusammenfällt.

Wenn wir die Passionszeit, die mit dem Aschermittwoch nun begonnen hat, nicht verdrängen, sondern wahrnehmen, wird uns das helfen, eine realistischere Sicht unseres Lebens zu gewinnen: Es gibt kein Recht auf ungestörtes Glück und keine Verdammung zum Unglück. Unser Leben verläuft so wie auch das Leben Jesu in Freud und Leid. Nur, wer beides annimmt und in Freud und Leid Gott nicht als Gegner, sondern als Helfer und Hirte, als Freund und Retter erkennt, wird für das Gute und Frohe dankbar werden und gegen das Leidvolle und Böse den notwendigen Kampf kämpfen können.

Karfreitag:
aufs Kreuz gelegt

Sind Sie schon mal so richtig »aufs Kreuz gelegt« worden? Das tut weh! Da zappelt man wie ein Käfer in der Luft und hat verloren! Zu vertrauensselig, zu schwach, zu gutgläubig, nicht ausgekocht genug gewesen ...

Fast jedes Mal, wenn ich diese Redensart höre, muss ich an Jesus denken. Der hat sich an Karfreitag auch aufs Kreuz legen lassen, der wurde auch verraten, war hilflos und hat zum Schluss den Preis für seine »Gutgläubigkeit« bezahlt. So weit – so schlecht. Jesus lässt sich mühelos einreihen in die Schar der Idealisten, die »zu gut sind für diese Welt«, die an der Härte des Lebens scheitern.

Aber nun soll mit diesem Tod Jesu trotzdem alles anders sein. Sein Sterben, so sagen auf einmal seine Nachfolger, ist nur vordergründig eine Niederlage, in Wirklichkeit ist es ein Sieg.

Spätestens da rebelliert der gesunde Menschenverstand kräftig: Soll ich mich jetzt »fromm« aufs Kreuz legen lassen? Soll ich glauben, dass aus diesem Trauerspiel von Golgatha wirklich etwas Gutes werden kann?

Wenn Sie mich fragen: Ja, Sie sollen glauben. Ja, Sie dürfen vertrauen, dass dieser Tod Jesu kein Ende, sondern ein Anfang war. In seinem unschuldigen Tod liegt eine fast un-glaubliche Kraft: Die Kraft des »Für dich!«. Wo Menschen aufhören, sich nur um sich selbst zu drehen, da werden lebenserneuernde Kräfte frei. Jesu Tod schenkt Leben, weil da einer für alle sich ein für alle Mal aufs Kreuz hat legen lassen. Was wir Karfreitag nennen, heißt auf Englisch »Good Friday«. Es ist wahrlich ein guter Freitag!

Karfreitag:
die rettende Umarmung

»Girl saved by a hug« (»Mädchen gerettet durch eine Umarmung«). – Seit vielen Jahren liegt in meiner Schublade, fast schon vergilbt, ein aus einer amerikanischen Zeitung herausgeschnittener Zeitungsartikel mit dieser Überschrift: »saved by a hug« (gerettet durch eine Umarmung).

Der Artikel erzählt die Geschichte von Cecilia Cichan, eines blonden, vier Jahre alten Mädchens, das als Einzige das schreckliche Flugzeugunglück von Detroit im August 1987 überlebte. Kurz nach dem Start war die mit 154 Menschen besetzte Boeing auf dem Highway zerschellt und aufgrund der riesigen Treibstoffmengen sofort explodiert. Rettungsmannschaften fanden das kleine Mädchen vollkommen verborgen und geschützt in den Armen seiner toten Mutter. Eine tragische Geschichte von Tod und Leben, Liebe und Leid.

Auch Karfreitag erzählt eine solch tragische Geschichte, mit der Menschen allerdings zunehmend weniger anfangen können, weil das, was da von Jesus erzählt wird, scheinbar nur wenig mit unserem heutigen Leben zu tun hat. Dabei ist das Thema von Karfreitag genau dasselbe wie in diesem amerikanischen Zeitungsartikel: »Gerettet durch eine Umarmung. Gerettet aus Liebe!«

Die Bilder und Nachrichten der letzten Wochen und Jahre untermauern doch die biblisch-christliche Botschaft, dass unsere Welt zu zerbrechen droht. Ohne ein Schwarzmaler zu sein, meine ich, dass Egoismus, Machtstreben, Gier, Geiz, Gewalt, menschliche Kälte und Lieblosigkeit immer mehr zunehmen. Merk-würdig, dass uns gleichzeitig die Botschaft von Karfreitag immer fremder geworden ist! Für mich besteht da ein Zusammenhang: Wir lassen das Liebespotenzial Gottes, das am Kreuz von Golgatha für alle Menschen zu allen Zeiten sichtbar und wirklich geworden ist, ungenutzt und machen einfach so weiter. Aber wie lange noch?

Die Botschaft von Karfreitag lautet: Gott schafft einen neuen Weg! An die Stelle von Egoismus, Machtstreben, Gier, Geiz, Gewalt, Kälte und Lieblosigkeit können Vergebung, Liebe, Neuanfang, Wärme und Großzügigkeit treten. Leben ohne Gott, Leben ohne Gottes Gebote ist für mich »Absturzursache Nummer 1« für unsere Welt. Karfreitag sagt mir: Ich kann durch Gottes Liebe, die mir vergibt und mir die Kraft gibt, mich zu ändern, überleben und von nun an anders leben.

Lassen Sie sich doch von Gott lieben. Spüren und erleben Sie die Umarmung Gottes zum Beispiel in den christlichen Gottesdiensten an Karfreitag, in der Feier des Abendmahles. Und dann leben und lieben sie aus dieser Liebe Gottes. Wer wirklich umarmt und liebt, kann nicht schlagen und hassen. So einfach und so schwierig ist es. Mit Gottes Hilfe ist es möglich: in Ihrer kleinen und meiner kleinen Welt. In unserer gemeinsamen Welt.

Karfreitag ist kein Holzweg

Nein, über Sterben, Tod und Sünde redet niemand gerne. Ich auch nicht! Ich gehe auch nicht gerne zum Arzt oder ins Krankenhaus und bin trotzdem wirklich dankbar, wenn im Notfall Ärzte und Krankenhäuser da sind.

Es hat etwas mit Erwachsenwerden und Reifen zu tun, wenn die meisten von uns – früher oder später – verstanden haben, dass das Leben kein Wunschkonzert ist, dass es auch schwere, notvolle Erfahrungen gibt, vor denen wir nicht davonlaufen können. Und da ist es gut, vorbereitet zu sein!

Natürlich, ich habe lieber mit dem Leben als mit dem Tod zu tun, lieber mit der Liebe als mit dem Hass. Deshalb verstehe ich, dass Karfreitag mit seinem düsteren Thema »Sterben und Tod«, mit dem sprichwörtlichen »Kreuz« auf viele eher ungemütlich aufdringlich und deprimierend wirkt. Dabei kann dieser Feiertag uns helfen, mit den Schattenseiten des Lebens, mit Leid, Tod, Schuld und Hass besser umgehen zu können. Denn dieses Leid, das Jesus von Nazareth da gelitten hat, dieser Tod, den er da gestorben ist, war nicht sinnlos. In seinem Leiden und Sterben zeigt sich die beeindruckende Macht des Todes, der zerstörerische Einfluss des Hasses, aber zugleich offenbart sich darin die noch größere Kraft des Lebens und die neuschaffende Heilsamkeit der Liebe.

Das »Holz des Kreuzes beginnt zu blühen, entfaltet neues Leben«, so singen wir in einem neuen Kirchenlied an Karfreitag in vielen Gottesdiensten. Die Liebe Gottes zu den Menschen, die Kraft der Vergebung, die Tiefendimension des Lebens wird in Jesu Leiden für uns sichtbar und macht Hoffnung.

Dieser Jesus, der da sein Holz nach Golgatha trägt, war aus »einem anderen Holz geschnitzt« – nicht: »Jeder ist sich selbst der Nächste!«, nicht: »Mit dem Tod ist alles aus!«, war seine Devise, sondern: »Vater, vergib ihnen, denn sie wissen nicht, was sie tun« (Lukas 23,34), und: »Ich befehle meinen Geist in deine Hände, Gott!« (Lukas 23,46).

Es ist ein Holzweg, eine Sackgasse zu meinen, der Glaube an diesen Jesus Christus könne mir in meinem Leid, meinem Sterben nicht helfen. Seit dem ersten Karfreitag leidet und stirbt niemand mehr Gott-verlassen! Seit der Nacht von Golgatha leuchtet das Licht neuen Lebens auch in unsere Gräber hinein.

Nein, mit Sterben, Tod und Sünde befasse ich mich nicht gerne, aber mit Liebe, Hoffnung, Vergebung und neuem Leben schon! Deshalb ist Karfreitag so ehrlich, weil die Dunkelheit nicht verschwiegen wird, deshalb ist Karfreitag so wichtig, weil das Holz des Kreuzes Blüten trägt, weil es Hoffnung gibt – auch für Sie und mich!

* *

Gott ist dein Beistand für den Notstand.

* *

Ostern:
die Hoffnung nicht vergessen

Meine Tochter vermisste ihren kleinen, vergoldeten Delfinanhänger. Ganz traurig suchte sie überall nach ihrem Lieblingsschmuck. Ohne Erfolg – schließlich gab sie auf. Die Trauer verblasste und nach einiger Zeit hatte unsere Kleine schon vergessen, dass sie etwas Wertvolles verloren hatte.

Ist das nicht genau unser Problem mit dem Sinn des Osterfestes? Haben wir weithin nicht schon vergessen, dass wir etwas Wertvolles verloren haben?

Auferstehung, ewiges Leben – welche Bedeutung hat das für uns noch, für Sie, für mich? Wenn man Fernsehbilder von Gewalt und Kriegen in unserer Welt sieht, wenn man die Todesanzeigen in den Zeitungen liest, bleibt scheinbar kein Raum für die Osterbotschaft. Aussagen wie: »Mit dem Tod ist alles aus – basta!«, oder: »Ich weiß, dass ich nichts weiß«, sind zu modernen Glaubensbekenntnissen geworden. Auch wenn zugegebenermaßen in unserer Welt vieles für den Sieg des Todes spricht, sollten wir es uns mit dieser Frage nicht zu einfach machen. Ist da nicht auch eine unbändige Sehnsucht nach Leben, richtigem Leben in dieser Welt, in Ihnen, in mir? Singt nicht die Natur das nie verstummende Lied vom Leben?!

Und vor allem: Vieles spricht vielleicht für den Tod, aber *einer* lebt! Seitdem Jesus Christus zurückgekommen ist und vielen begegnete, seitdem ist das Gesetz des Todes durchbrochen, seitdem ist das Tor zum Leben aufgestoßen: Jesus lebt und will, dass Sie und ich auch leben!

Über den Tod hinaus. Ostern will uns wachrütteln. Uns an Verlorenes erinnern. Vergessen Sie in diesen Tagen nicht, welche Riesenenergie der Hoffnung im Evangelium steckt!

Ostern:
Der Tod hat keine Hände!

Was bleibt eigentlich von Ostern für uns Erwachsene? Die »niedliche Story vom Osterhasen« hat sich ja erledigt, die Wettervorhersage ist meist eher bescheiden und die Sache mit der Auferstehung irgendwie ganz weit weg. Für besonders religiöse Typen mag das ja noch seinen Sinn haben, aber wer nüchtern die Welt betrachtet, der hat da so seine Zweifel: »Nichts Genaues weiß man nicht«, und schließlich ist noch keiner »von dort« zurückgekommen …

Also bleiben ein paar freie Tage, und das war's?!

Seltsam, nicht wahr? Wir Menschen machen gerne Schnäppchen, aber wenn da einer »Leben für alle« anbietet, interessiert's nur wenige. Etwa weil sich das mit unseren eigenen Erfahrungen nicht deckt?

Aber darum geht es doch! Damals wie heute. Selbst die Jünger Jesu hielten die Auferstehungsberichte für Märchen, bis, ja bis eine Begegnung mit dem auferstandenen Christus sie vom Sieg des Lebens überzeugte.

Was kann Sie vom Sieg des Lebens überzeugen? Wie können Sie einen Weg zum Sinn des Osterfestes finden? Vielleicht indem Sie sich fragen, ob wirklich »nichts so sicher ist wie der Tod«. Warum wächst und blüht es dann in diesen Wochen mit solch unbändiger Kraft überall um uns herum? Warum drängt alles zum Leben, wenn der Tod »ganz natürlich« dazugehört?!

Warum fasziniert uns neugeborenes Leben so, wenn doch der Tod das letzte Wort hat? Woher kommt die Sehnsucht nach »ewiger Jugend«, wenn schließlich »alles vergeht«?

Gewiss sind Frühlingserwachen und Lebenssehnsucht keine Beweise für die Wahrheit der Osterbotschaft, aber Hinweise auf die Macht des Lebens können sie durchaus sein! Sie können uns nachdenklich machen und uns auf unseren eigenen Osterweg bringen. Oder uns dazu ermutigen, Gott, dem Spezialisten in Sachen Leben, unsere Klage über Gewalt, Sinnlosigkeit und Tod zuzumuten.

Denn letztlich will uns Ostern doch davon überzeugen, dass die lebenszerstörenden Kräfte, dass Gewalt, Krankheit und Tod nicht das letzte Wort behalten. Der Schöpfer des Lebens bleibt ein Freund des Lebens. In seinem Sohn Jesus Christus gibt Gott dem Leben recht. »Leben« ist das entscheidende Stich-wort – Jesus Christus sticht den Tod in seiner Auferstehung aus und zeigt damit für alle, die sich auf ihn einlassen, dass Ostern Trumpf ist.

Ein afrikanischer Christ hat den Sinn von Ostern einmal mit den Worten: »Der Tod hat keine Hände mehr!« zusammengefasst. Seitdem Jesus im Namen Gottes die Gefängnismauer des Todes durchbrochen hat, kann der Tod uns Menschen nicht mehr festhalten. Deshalb wird in den Ostergottesdiensten orthodoxer Christen, der Macht des Leidens und des Todes zum Trotz, das Osterlachen auf die Übermacht des Lebens angestimmt.

Ich glaube nicht mehr an den Osterhasen. Aber ich glaube an die Auferstehung. Ich glaube, dass viel mehr für den Sieg des Lebens spricht, als wir oft ahnen oder denken. Machen Sie sich Ostern doch einmal auf die Suche – nicht nur nach Schokoladeneiern, sondern nach dem Sinn des Osterfestes. Lassen Sie sich einladen zu den vielen Ostergottesdiensten, die Ihnen das »Lied vom Leben« spielen und Sie zu Ihrem eigenen Osterweg ermutigen wollen.

Himmelfahrt:
Vatertag im Original

Na, was ein Himmelfahrtskommando ist, das weiß man ja. Ein Auftrag mit höchst ungewissem, wahrscheinlich aber »ungesundem« Ausgang. Für viele gleicht der Versuch, einen christlichen Feiertag wie »Himmelfahrt« wirklich ernst zu nehmen, ebenfalls einem solchen Himmelfahrtskommando. »Christi Himmelfahrt«, das passt nicht ins Zeitalter von Mondlandungen und Marsexpeditionen. Und deshalb hat die Umbenennung dieses unverstandenen Feiertages zu »Vatertag« sich auch weithin durchgesetzt. Vielleicht gar nicht so verkehrt, denn Christi Himmelfahrt hat durchaus etwas von einem Vatertag. Jesus war es doch, der uns Gott als Vater vorgestellt hat: »Vater unser im Himmel«. Jesus war es doch, der sich in einer Art Himmelfahrtskommando darauf eingelassen hat, Vater und Kinder wieder zusammenzubringen. Seit Jesus wissen wir von einem Gott der Liebe, der uns nahe ist, auch wenn wir ihn nicht sehen.

»Himmelfahrt« verbindet die sichtbare Welt von Krippe und Kreuz mit der unsichtbaren Dimension der Welt Gottes, seines »Reiches«, das überall auf unserer Welt schon zu erkennen ist, wo Menschen Jesu Himmelfahrtskommando gehorchen und seine Liebe in die Welt tragen. »Ich bin immer bei euch« (Matthäus 28,20), waren die letzten Worte Jesu an seine Jünger, die seitdem in Jesu Auftrag mithelfen, dass Himmel und Erde sich immer wieder berühren. Feiern Sie dieses Jahr am »Vatertag« doch auch die Liebe Ihres himmlischen Vaters!

Pfingsten:
ein Fest gegen die Angst

Angst haben längst nicht immer nur die anderen – auch wenn Bangemachen nicht gilt! Wir reden vielleicht nicht darüber, aber dieses Gefühl der Enge – Angst und Enge gehören vom Wortstamm her ja zusammen – kennen wir alle. Angst vor Krankheit und vor Arbeitslosigkeit, Angst vor Gewalt und ungewohnten Situationen, Angst vor Einsamkeit und Menschenmassen, Angst vor Routine und vor Veränderungen, Angst vorm Alter und vorm Tod – manchmal haben wir Angst und manchmal hat die Angst uns. In vielen Situationen können wir damit umgehen und dann läuft das Fass plötzlich über – Angst vor der Angst ist schon längst keine seltene Erscheinung mehr.

Wenn ich mich bemühe, die christliche Bedeutung des Pfingstfestes in unsere Zeit zu übersetzen, dann komme ich am Thema »Angst« ebenfalls nicht vorbei. Angst hatten die enttäuschten Christen damals auch – Angst vor dem Leben ohne Jesus, Angst vor der Bedrohung durch Römer und Juden, Angst vor der Öffentlichkeit, Angst, ihren Glauben zu bekennen und zu leben, und Angst vor dem Licht …

Als der gute Geist Gottes sie an Pfingsten erreicht, wird jedoch alles anders: Jetzt trauen sie sich in die Öffentlichkeit, machen ihren Mund auf, wagen neue Schritte – dieselben Menschen, die vorher noch regungslos und müde keinen Fuß vor den anderen brachten.

Pfingsten ist ein Mutmach-Fest gegen die Angst, Pfingsten ist für Christen – und deshalb auch für Gemeinden und

Kirchen – das große Aber Gottes gegenüber aller Resignation, gegen alle Abgestumpftheit und Trägheit. »Gott hat uns nicht gegeben den Geist der Furcht, sondern der Kraft und der Liebe und der Besonnenheit« – so hat es die christliche Gemeinde später immer wieder bekannt (2. Timotheus 1,7).

Ich glaube an diesen guten Geist Gottes – ich glaube, dass Gott uns wirklich nicht alleine lässt, dass wir uns nicht nur auf uns selbst verlassen müssen, sondern wahrhaftig mit Gottes Hilfe rechnen dürfen. Ich glaube, dass Menschen durch Gottes Geist in der Lage sind, sich zu verändern – gegen jedes: »Ich bin halt so, ich kann nicht anders.«

Mit Energie, Liebe und Besonnenheit tun sich neue Wege auf, werden Schritte möglich – auch gegen die Angst (wobei es sicherlich auch manchmal nötig sein kann, therapeutische und medizinische Hilfe in Anspruch zu nehmen, das will ich nicht bestreiten). Sich nicht mit der Dunkelheit abfinden, die Hoffnung nicht verlieren, um Gottes Geist und Hilfe bitten, Gottes »Fürchte dich nicht!« wirklich im eigenen Leben hören und glauben können, das geschieht immer, immer wieder seit Pfingsten. Und das kann auch bei Ihnen geschehen. Es mögen nur kleine Schritte sein, aber auch so kommen Sie voran …

* *

Geborgenheit macht über-mutig.

* *

Trinitatis:
mehr als höchste Mathematik

Können Sie mit einem Taschenrechner alle Geheimnisse der Welt entschlüsseln? Ist alles, was wir erleben, immer eindeutig und logisch? Ich denke, dass Sie diese Fragen mit »Nein« beantworten, ja, ich hoffe es sogar, denn unser Leben als Menschen wäre ganz schön arm, wenn sich alles ausrechnen ließe. Alles, was mit »Herz« zu tun hat, ist Gott sei Dank nicht berechenbar und dennoch ein wichtiger, vielleicht der wichtigste Teil unserer Existenz.

Also, wenn nicht alles unbedingt immer logisch und vernünftig sein muss, um wirklich, um richtig zu sein, dann haben Sie schon den Einstieg in die christliche Lehre von der »Dreieinigkeit« geschafft: Der Trinitatissonntag konfrontiert uns damit, dass wir an einen Gott glauben und dennoch drei Personen unterscheiden: Gott, den Vater, den Sohn und den Heiligen Geist. Zugegeben, das ist schwierig, aber deshalb noch lange nicht falsch: Christen haben diese Vorstellung vom dreieinigen Gott nicht entwickelt, um Glauben schön kompliziert zu machen, sondern sie haben einfach nur beschrieben, wie Gott in der Geschichte der Menschen erfahren wurde:

- als der alles umfassende Schöpfer, der in seiner Liebe alles Leben geschaffen hat und auch erhält,
- als Mensch Jesus von Nazareth, der durch sein Leben, sein Sterben und seine Auferstehung erwies, dass er zu Gott und zu den Menschen gehört,
- als von Gott kommender und deshalb »heiliger Geist«, der uns Glauben erst ermöglicht, uns »be-geistert« für

ein neues Leben in der Gemeinschaft mit Gott und den Menschen.

Im Namen dieses Gottes, der uns Menschen nahegekommen ist und doch ein Geheimnis bleibt, feiern wir unsere Gottesdienste, taufen und segnen wir als Christen.

Am Trinitatissonntag ist Staunen angesagt: darüber, dass wir Menschen vieles von Gott wissen dürfen und dennoch an Grenzen stoßen. Natürlich können wir an diesen Grenzen unserer Vorstellungskraft Gott alibihaft für uns »abschaffen«, weil wir nicht zulassen wollen, dass er größer ist als unsere grauen Zellen.

Wir können auch versuchen, uns mit bildhaften, »hinkenden« Vergleichen zu helfen: zum Beispiel mit dem Hinweis auf Wasser, das wir auch in unterschiedlichen »Zuständen« als Gas (Wasserstoff), als Flüssigkeit und in festem Zustand (Eis) kennen.

Wir können an unseren Grenzen schließlich auch einfach Gott Gott sein lassen, zu ihm beten und ihm danken, dass er uns Gnade, Liebe und Gemeinschaft schenkt. Keiner muss an eine Trinitätslehre glauben, aber wer sich auf den lebendigen Gott einlässt, wird ihn immer wieder erleben, als Schöpfer, als Erlöser und als Kraft zum Glauben und zum Leben. Das Trinitatisfest können wir wirklich feiern: Denn so bunt, so vielfältig, so unfassbar und doch so nahe ist unser Gott.

Erntedankfest:
empfangen lernen

»Kommst du mit zum Herbsten?«, fragte mich ein wirklich guter Freund. Damit hat er mich zur Ernte in den Weinbergen der Vorderpfalz eingeladen, und ich war gerne mit dabei. »Herbsten« ist Knochenarbeit und doch lacht das Herz und leuchten die Augen, wenn sich die Körbe mit reifen Reben füllen.

Das Leben braucht Erntezeiten, nicht nur ganz am Ende, sondern immer wieder. Und wer bewusst erntet, die Mühe auf sich nimmt, wird dankbar – für die Momente, in denen wir ernten dürfen, oft mehr, als wir selbst gesät haben, oder für das, was aus guten Gedanken, Worten oder Taten werden kann …

Immer wieder innehalten, das Herz, die Hände öffnen und empfangen, macht uns zu wirklichen Teilhabern am Reichtum der Schöpfung und des Lebens. Und Teilhaber können teilen mit denen, die statt Erntezeiten Notzeiten durchleben müssen. Denn der Herbst mit der Pracht seiner Erntegaben und Farben ist Gottes Geschenk an uns alle. Kommen Sie mit zum Herbsten?

Wer nicht mehr durchblickt, sollte ab und zu aufblicken.

Tag der Deutschen Einheit:
dankbar an Wunder glauben

Glauben Sie an Wunder? Ab dem 24. Mai 1949 endete die Präambel des Grundgesetzes mit dem Satz »Das gesamte deutsche Volk bleibt aufgefordert, in freier Selbstbestimmung die Einheit und Freiheit Deutschlands zu vollenden.« Am 3. Oktober 1990 wurde um null Uhr vor dem Reichstag die neue Präambel mit folgendem Schlusssatz verlesen: Die Deutschen in ... (Aufzählung aller sechzehn Bundesländer) haben in freier Selbstbestimmung die Einheit und Freiheit Deutschlands vollendet. Damit gilt dieses Grundgesetz für das gesamte deutsche Volk.«

Können wir heute, mehr als zwanzig Jahre danach, noch das zutiefst unfassbar Wunderbare dieser Ereignisse ermessen? Wir haben immensen Grund zur Dankbarkeit gegenüber Gott und Menschen und sollten nicht nachlassen, die geschenkte Einheit auch nach innen weiterzugestalten, im Bewusstsein unserer »Verantwortung vor Gott und den Menschen«, wie der Beginn der Präambel es unverändert ausdrückt. Es ist schon auffallend, dass es unserer Gesellschaft bisher nicht gelungen ist, dem 3. Oktober als nationalem Feiertag wirklich einen inneren Sinn zu geben. Wie wäre es, wenn wir als Christen dazu beitragen, dass überall in unserem Land an diesem Tag Danke-Feste gefeiert werden? Wenn wir in Gottesdiensten Gott danken für das Wunder einer friedvollen Einheit und dann dankbar miteinander feiern?

Verwunderlich, dass wir angesichts der vielen Kriege und Konflikte unserer Zeit die deutsche Einheit so schnell selbstverständlich genommen haben. Sie glauben nicht an Wunder? Ich schon.

Reformationsfest:
in Form kommen

Sind Sie in Form? Denn »außer Form geraten«, nicht »fit sein«, das passiert nicht nur Fußballspielern und Schauspielern, sondern von Zeit zu Zeit uns allen. Und dann ist jeder froh, wenn er die Form wiederfindet, wenn es wieder gut und richtig läuft.

Im Wort »Reformation« steckt drin, dass auch Kirche und christlicher Glaube ihre Form verlieren können und dann »re-formiert« werden müssen. Für Martin Luther und viele Christen seiner Zeit hatte die Formkrise der Kirche ihren Grund in einem recht wackelig gewordenen Fundament. Und wenn's an der Grundlage mal bröckelt, ist alles in Gefahr. Luther wollte eine Kirche, in der Jesus Christus allein das Fundament ist. In einer solchen Kirche würde verkündigt und gelebt, dass Gott uns liebt und wir durch Jesu Tod und Auferstehung mit Gott versöhnt sind, dass wir Jesus Christus vertrauen dürfen und uns diese Liebe und Gnade Gottes so richtig gefallen lassen können, dass es lebenswichtig ist, Gottes Wort zu hören und ihm auch zu gehorchen.

Kurzum: Kirche ist da so richtig in Form, wo Menschen die Sache mit Gott nicht als Nebensache, sondern als Herzenssache und dann als »Tat-Sache« verstehen und leben.

Reformationsfeste sind daher keine Nostalgiefeiern, sondern können ein Formtest für die Kirchen und auch für Ihren Glauben sein: Sind Sie noch fit? Nah dran am lebendigen Gott und von ihm bewegt? Wenn nicht, lassen

Sie sich doch einmal gefahrlos anstecken: Bazillen gibt's gratis vor allem in Gottesdiensten und Gemeindeveranstaltungen!

(Volks)Trauertag:
Erinnern schafft Zukunft

»In diesem Jahr wäre dein Opa 100 geworden«, sagte mir meine Großtante mit hörbarer Trauer in ihrer Stimme. Ich habe ihn nie kennengelernt – wie viele andere starb er 1944 an der Ostfront einen sinnlosen Tod.

Millionenfach »hallen« solche Sätze durch unsere Welt – die Not dahinter wird erstmals erlitten oder traurig immer wieder erinnert, als Folge von Krieg und Terror damals und heute. So lange es Gewalt und Kriege gibt, braucht es Menschen, die sich erinnern, die klagen und trauern. Gerade im gemeinsamen Klagen und Trauern steckt eine gewaltige Kraft, die zum Hass missbraucht oder zu Frieden und Versöhnung genutzt werden kann. Unsere Volkstrauertage sind weithin nicht mehr rückwärts gerichtet, sondern ehrlich in ihrer Trauer und dem Wunsch nach Zukunft und Frieden. Ich traure um all die Glücksmomente mit meinem Großvater, die mir geraubt worden sind, und ich will, gemeinsam mit anderen, im Geist des Evangeliums aus der Vergangenheit lernen und die Gegenwart gestalten, ohne der Zukunft zu schaden.

Buß- und Bettag:
Recht auf Umkehr

Würden Sie ein Auto ohne Rückwärtsgang kaufen? Mit einer Fluggesellschaft fliegen, deren Piloten auch bei Triebwerkschaden kurz nach dem Start partout nicht umkehren wollen? Wie sieht es aus mit dem Buchen von Reisen ohne Stornierungsmöglichkeiten? Und dem Einkauf ohne Umtauschrecht? Und wer hat schon gerne mit Menschen zu tun, die – wider besseres Wissen – an einer einmal gefassten Meinung für immer festhalten?

Wenn »Irren menschlich« ist, wenn »menschliches Versagen« nicht nur Ursache von großen Verkehrstragödien sein kann, sondern auch bei so manchem »Unfall im zwischenmenschlichen Bereich« eine Rolle spielt, dann sind »Umkehren«, »die Richtung ändern« oder »neu Anfangen« so natürliche menschliche Verhaltensweisen wie Atmen, Lieben oder Essen. Da, wo es nötig ist, braucht das Leben Wendepunkte!

Deshalb ist es auch kein Bravourstück einer modernen Gesellschaft, wenn Themen wie »Umkehr« oder »Buße« mitleidig lächelnd als »Nachgefechte ewig Gestriger« abgetan werden.

Aber selbst da, wo Umkehr noch ein Thema ist, stellt sich die Frage: »Umkehr – wohin?« Umkehr kann doch kein Selbstzweck sein, sondern braucht ein Ziel. Ich will gar nicht drum herumreden: Christliche Umkehr meint immer Hinkehr zu Gott!

Gott lädt uns Menschen voller Liebe und Vergebungsbereitschaft ein, wirklich nach ihm und seinem Willen zu fragen. »Weißt du nicht … ?«, fragte Paulus schon vor 2000 Jahren (Römer 2,4). Es scheint so, als wüssten wir Menschen heute erst recht nicht mehr, dass wir geschaffen sind, um mit Gott zu leben. Der »Buß- und Bettag« erinnert daran. Es ist nicht entscheidend, ob dieser Tag nun ein gesetzlicher Feiertag ist oder nicht – viel wichtiger ist, dass das Thema dieses Tages nicht verloren geht: Gott lädt uns ein, neu anzufangen, mit ihm zu sprechen und zu leben.

Mag sein, für vermeintlich aufgeklärte Menschen ist eine solche Erinnerung an Buße und Gebet ärgerlich. Aber selbst der Aufgeklärteste müsste doch merken, dass unsere Welt, dass gerade auch unsere deutsche Gesellschaft aus dem Lot gekommen ist. Merken wir denn wirklich nicht, dass wir unmenschlicher werden, je weniger wir nach Gott fragen? Wir können den Buß- und Bettag als gesetzlichen Feiertag abschaffen, wir können den Bezug auf Gott und den christlichen Glauben aus vielen unserer Feiertage klammheimlich und systematisch entfernen und dann statt Himmelfahrt Vatertag und anstelle des Reformationsfestes Halloween feiern, und dennoch will Gottes Güte uns zur Umkehr und zum Neuanfang ermutigen. Für jeden Irrweg einen Ausweg. Es gibt ein Recht auf Umkehr – ein Recht Gottes an uns Menschen und ein Recht der Menschen auf Gott. Lassen Sie sich das nicht nehmen! Der Buß- und Bettag ist eine Chance für uns alle – wir sollten sie nutzen!

Totensonntag:
Hoffnung fürs Leben

Es hatte sich merklich etwas verändert an diesem 75. Geburtstag. Obwohl sich, wie bei früheren Anlässen, die Führungsriege der kleinen Stadt die Klinke in die Hand gab und Speis und Trank im Überfluss vorhanden waren, wollte die fröhliche und gediegen ausgelassene Stimmung dieses Mal nicht so recht aufkommen. Der plötzliche Tod seiner Frau vor über zwei Jahren setzte dem Jubilar noch immer sehr zu. Es bedurfte einiger Überzeugungskraft seiner Kinder, um dem Geburtstagskind diese Feier überhaupt erst schmackhaft zu machen.

Nun waren alle gekommen, es ergaben sich die üblichen zwanglosen Gespräche und doch lag ein fühlbarer Schleier der Trauer über der Gästeschar. Ich war deshalb geradezu erleichtert, als mich der Gastgeber beim Verabschieden dringlich um meinen baldigen Besuch bat.

Als wir uns noch im gleichen Monat wiedertrafen, saß mir ein Mann gegenüber, der mir mit festem Blick entgegensah und mich, kaum waren die üblichen Begrüßungssätze gewechselt, aufforderte: »Herr Pfarrer, erzählen Sie mir von Ihrem Gott! Ich weiß, wie man lebt, aber nun will ich sterben lernen.«

In den folgenden wertvollen Begegnungen entdeckte der aufrechte Protestant immer mehr von den Kostbarkeiten des christlichen Glaubens. Und wie ein Schlüssel, der eine schon lange nicht mehr geöffnete Tür endlich wieder aufschloss, drang die Liebe Gottes in der erfahrenen Begegnung mit Jesu Leben und Sterben in sein Herz. Die biblischen Geschichten wurden ihm so wichtig, dass die Zeit so manches Mal nicht genügte, um alle Fragen zu klären und alle Erkenntnisse auszutauschen. Einmal schaute er mich schmunzelnd an und sagte: »Wissen Sie noch? Ich wollte sterben lernen und nun lebe ich ganz neu und anders!«

Wirklich anders, denn seiner Familie und Freunden blieb die Veränderung nicht verborgen. Über Jahre schwelende Streitigkeiten wurden großzügig ausgeräumt, das beträchtliche Vermögen freigiebig und transparent an die Familie verteilt. Er verkaufte das herrschaftliche Haus und zog willig und klaglos in eine kleine Wohnung im betreuten Wohnen einer nahe gelegenen Senioreneinrichtung. Vor allem aber war an die Stelle der bitteren Traurigkeit eine dankbare Gelassenheit getreten, die seine Gäste ein ums andere Mal neu staunen ließ. Selbst die Krebsdiagnose, von der er von Anfang an wusste, dass sie »seine Krankheit zum Tode« sein würde, konnte daran nichts ändern. »Ich kann loslassen, weil Gott mich hält!« Diesen Satz, den er in einer christlichen Biografie gelesen hatte, wiederholte er immer wieder – und lebte ihn.

Ja, es gab auch schwierige und dunkle Tage, aber an denen waren Kinder, Enkel und Freunde da, die ihm ein wenig von dem zurückgaben, was er ihnen in den vergangenen Jahren an Liebe, Großmut und Trost geschenkt hatte. »Nur noch eine Station weiter!«, so konnte er manchmal an guten Tagen fast erwartungsvoll von seinem Tod sprechen. Er hatte eine tiefe Sehnsucht nach seiner Frau und einem ewigen Leben in der Gegenwart von Jesus Christus, der sein Leben so grundlegend verändert hatte. Und blieb bis zuletzt interessiert und aufmerksam, wenn Menschen ihr Leben mit ihm teilten.

Bei der Trauerfeier, die er selbst bis ins kleinste Detail vorbereitet hatte, stand das gewaltige Wort des Paulus im Mittelpunkt: »Denn Christus ist mein Leben und Sterben ist mein Gewinn« (Philipper 1,21).

Nie im Leben werde ich sterben, wenn der Ewige mein Leben ist.